高校学术文库
体育研究论著丛刊

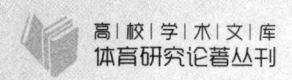

射击运动员专项认知眼动特征的研究

廖彦罡 著

中国书籍出版社
China Book Press

图书在版编目(CIP)数据

射击运动员专项认知眼动特征的研究 / 廖彦罡著. —北京：中国书籍出版社，2016.8
ISBN 978-7-5068-5789-5

Ⅰ. ①射… Ⅱ. ①廖… Ⅲ. ①射击运动－运动员－眼动－研究 Ⅳ. ①G871

中国版本图书馆 CIP 数据核字(2016)第 209342 号

射击运动员专项认知眼动特征的研究

廖彦罡　著

丛书策划	谭　鹏　武　斌
责任编辑	李　新
责任印制	孙马飞　马　芝
封面设计	马静静
出版发行	中国书籍出版社
地　　址	北京市丰台区三路居路 97 号（邮编：100073）
电　　话	(010)52257143（总编室）　(010)52257140（发行部）
电子邮箱	chinabp@vip.sina.com
经　　销	全国新华书店
印　　刷	三河市铭浩彩色印装有限公司
开　　本	710 毫米×1000 毫米　1/16
印　　张	12.75
字　　数	165 千字
版　　次	2018 年 5 月第 1 版　2018 年 5 月第 1 次印刷
书　　号	ISBN 978-7-5068-5789-5
定　　价	40.00 元

版权所有　翻印必究

序

眼睛是心灵的窗户，通过这个窗口可以传递诸多信息，了解人内心活动状况，探讨大脑如何搜集或筛选信息。长期以来，不少专家学者一直致力于研究眼球运动（眼动）的记录装置，并通过分析记录眼动数据来探讨眼动和心理活动的关系，眼动研究是当下的研究热点，有广泛的心理学价值及应用价值，已经取得了一系列的丰硕成果。目前，眼动分析法已经成为探讨视觉信息加工的重要研究手段，被广泛应用于心理学、体育运动、人机交互等各种领域。

从运动员的专项认知水平角度，探讨专项运动心理能力的发展特征，揭示有关专项心理能力的培养机制，是当今运动心理学的重要研究课题。眼动分析有利于了解运动员在比赛过程中每一时刻的视觉活动，从而推测他们的视觉搜索策略及认知加工过程，在越来越多的运动项目中被广泛运用。射击运动是我国传统的优势项目，拥有一大批优秀的高水平射击运动人才。了解高水平射击运动员在运动过程中的视觉注意特征，探讨高水平射击运动员在竞技比赛中视觉信息加工的特点、注意力集中程度和注视点的分布情况，我们认为具有较好的理论和应用价值。

随着科学技术的不断发展变化，眼动记录设备也在不断升级，相关的研究手段也在改进和提高。本研究以射击运动员的专项认知眼动特征为题，以信息加工理论为基础，利用先进的眼动仪来了解射击运动员的视觉信息特征。研究借鉴了以往诸多心理学和运动心理学的眼动研究成果，采用较为成熟的眼动研究手段和方法，创造性地将眼动仪应用于射击专项研究领域，通过专业的测试和分析，揭示射击运动员的视觉搜索和注意特征，力图找出高效实用的注视模式，极大丰富了运动心理学的实证研究，并为射击运动的教学、训练和比赛等方面提供了一定的理论和方法依据。

研究主要包括注意稳定性和正向、反向眼跳实验等几部分，通过不同的认知加工任务来了解被试的认知行为和眼动特征，结合视觉搜索、注意、运动决策和信息加工理论等多方面进行全面分析，对运动员的专项信息加工进行综合讨论，研究结果基本上支持了研究假设。

以往关于射击运动的眼动研究很少，大多数研究都集中在外部信息为主的开放型项目中，研究手段比较固定单一，本研究从运动专项认知角度探讨了射击运动员的心理能力发展特征和培养机制，采用了与射击项目特征更相关的注意稳定性测试、眼跳研究，并创新地选取了一次性到位率、最后注视点开始时间等眼动指标进行分析，丰富和完善了运动认知心理学理论，较为全面地反映了当前运动心理学眼动领域的研究成果，具有较好的理论和应用价值。

摘 要

本研究以射击运动员的眼动特征研究为主,采用专家—新手范式,结合心理学的经典认知范式,通过对不同水平射击运动员观察场景信息的眼动记录,结合反应速度、正确率等认知行为的研究手段,了解专家运动员的视觉搜索和注视情况,探讨专家和新手在专项认知水平上的差异,为综合评定射击运动员的专项认知特征,丰富和完善运动心理学理论,教练员对新手进行有的放矢地训练、心理选材、训练监控等提供参考和借鉴。

1. 注意追踪实验中,认知加工的任务难度对于被试的行为指标和眼动指标有显著影响。任务难度增加,被试的反应时也增加,正确率下降,他们的注视点持续时间、注视次数、访问总时间、访问次数增加,而眼跳距离、扫视速度减少,说明被试需要花费更多的时间和精力去完成视觉追踪任务。简单任务中,射击运动员的访问总时间、访问次数和眼跳距离均少于普通组,有显著差异。复杂任务中,运动组反应时明显快于普通组,运动组的注视点持续时间、注视次数、访问总时间、访问次数、眼跳距离、扫视速度都要短于普通组,呈现出显著差异,这说明在复杂情境中的信息处理中,运动组要优于普通组,他们的加工效率更高,视觉追踪能力更强,注意稳定性要好。

2. 正向眼跳任务中,射击运动组的正确率更高,一次性到位率也好于普通组,说明他们的认知加工效率更高。随着目标偏心距的增加,被试的眼跳潜伏期增加,一次性到位率下降,最后注视点开始时间、注视次数、眼跳幅度增加,具有明显的偏心距效应。近端位置的正向眼跳任务中,运动组的注视次数、眼跳总距离要明显少于普通组。

3. 反向眼跳任务中,运动组的反向眼跳正确率和一次性到位率高于普通组,呈现显著差异,说明射击运动员能较好地抑制住优势的、反射性的朝向眼跳,他们的自我意识控制能力要强于普通大学生组,拥有较强的认知抑制功能。随着目标偏心距的增加,被试的眼跳正确率提高,但一次性到位率却降低,眼跳潜伏期变小,注视次数、眼跳幅度增加。正确反向眼跳中,运动组的眼跳潜伏期较长,眼跳总幅度较少。分析认为,可能是运动组采用的是一种更为谨慎、稳妥的注意调控策略,宁可判断反应时间长,也要保证较高的判断正确率,反映出射击运动员的目标精确性更强、更准确。

4. 正反向眼跳任务中,射击运动组能用较少的注视点数(注视次数),较短的路径(眼跳幅度),较快的时间(最后注视点开始时间),较高的准确率(错误率和一次性到位率)完成视觉搜索眼跳任务。反向眼跳与正向眼跳任务有着不同的神经活动机制,反向眼跳的眼跳潜伏期延长,注视次数增加,注视持续时间减少,首次眼跳幅度降低,但眼跳总幅度增加。目标偏心距增加,被试的眼跳正确率提高,但一次性到位率却降低,眼跳潜伏期变小,注视次数增多,最后注视点开始时间延长,眼跳潜伏期、首次眼跳幅度和眼跳总幅度增加。

几部分实验都表明,射击运动组具备较好的注意调控能力,尤其是在复杂任务条件下两组的认知行为指标和眼动指标差异更为显著,运动组的正确率更高,注意灵活控制行为的能力更强,这是和射击运动的专项特征紧密关联。

关键词:射击、运动、眼动、眼跳、注意

目 录

1 绪论 …………………………………………………… 1
  1.1 问题的提出 ………………………………………… 1
  1.2 眼动研究综述 ……………………………………… 4
  1.3 运动心理学的眼动综述 …………………………… 25
  1.4 研究的目的和意义 ………………………………… 48
  1.5 理论基础和研究思路 ……………………………… 50
  1.6 研究设计和研究假设 ……………………………… 53
  1.7 研究重点、难点和创新点 ………………………… 55

2 研究方法 …………………………………………… 57
  2.1 文献资料调查法 …………………………………… 57
  2.2 专家调查访问法 …………………………………… 58
  2.3 眼动记录法 ………………………………………… 58
  2.4 普通实验操作法 …………………………………… 60
  2.5 数理统计和逻辑分析法 …………………………… 60

3 研究一 射击运动员注意稳定性的眼动研究 ……… 61
  3.1 前言 ………………………………………………… 61
  3.2 研究对象与方法 …………………………………… 63
  3.3 研究结果 …………………………………………… 66
  3.4 分析讨论 …………………………………………… 69
  3.5 小结 ………………………………………………… 77

4 研究二 射击运动员的正向眼跳研究 78
4.1 前言 78
4.2 眼跳研究综述 79
4.2 研究对象与方法 92
4.3 研究结果 95
4.4 讨论 97
4.5 结论 101

5 研究三 射击运动员的反向眼跳研究 102
5.1 前言 102
5.2 研究对象与方法 103
5.3 研究结果 106
5.4 讨论 110
5.5 结论 117

6 研究四 射击运动员的正反向眼跳研究 118
6.1 前言 118
6.2 研究对象与方法 119
6.3 研究结果 122
6.4 讨论 134
6.5 结论 143

7 总体讨论 145
7.1 眼跳和注意的关系 146
7.2 各实验中所选取眼跳指标的分析 149
7.3 信息加工的速度和正确率的权衡 151
7.4 几个实验的关联 154
7.5 尚需进一步研究的问题 155

8 总结论 158

目 录

结语 …………………………………………………… 160

附录 …………………………………………………… 163
    附录一:实验过程注意事项 ……………………………… 163
    附录二:Tobii 眼动仪技术参数 ………………………… 164
    附录三:注意追踪实验指导语及实验材料 ……………… 166
    附录四:眼跳指导语及眼跳顺序 ………………………… 168

参考文献 ……………………………………………… 178

1 绪 论

1.1 问题的提出

人类学家博厄斯曾说:"人类的灵魂是能够透过眼睛观察到的,并且同时能够观察到人的才智与意志。"眼睛是重要的感觉器官,被誉为"心灵的窗口",透过这个窗口我们可以探究人许多心理活动的规律。人类对于信息的获取很大部分来自于视觉,约有80%以上都是通过人的眼睛所获得的。人的眼睛里会隐藏很多内心的想法,如果我们能挖掘并理解它们的含义,自然能更客观、科学地分析人的内心活动,了解他们的心理变化。

对于眼球运动(以下称眼动)的研究被认为是视觉信息加工研究中最有效的手段,通过记录人的眼球运动来研究人的心理活动在心理学研究中历史悠久。这种研究方法不仅被广泛地应用于感知觉研究领域,而且也被用来研究人的高级认知过程。研究表明,眼动的各种模式一直与人的心理变化相关联。它在认知神经科学、心理学、计算机科学和广告、体育等研究领域中得到了广泛的应用,并取得了一系列丰硕的成果。

视觉认知是人类智能的关键与中心问题(Jackendoff,1983),通过视觉进行认知的相关研究,被认为是揭示人类智能的一种重要途径。人通过眼睛获得和加工视觉信息是个复杂的过程。眼球运动的特异性和视觉信息的加工过程密切相关,揭示两者之间的活动规律,对于解释心理学中很多疑问提供了可能性。眼动分析法可以提供人在进行心理活动过程中的即时加工数据,从而实现对人心理活动进行的精细分析，是心理学研究中的一个重要方法。眼动仪的不断发展和完善，特别是认知心理学的兴起，越来越多的心理学家以眼动为指标探索人类心理活动的奥秘。

20世纪70～80年代，随着认知心理学的壮大，运动心理学界也掀起了信息加工研究的热潮。运动员在复杂的运动情境中搜索什么样的信息？是如何进行信息搜索的？在短暂的时间内是如何进行加工和决策的？这些问题成了运动心理学家密切关注的焦点。斯特拉和威廉认为，认知运动心理学是"对运动员心理过程和记忆结构的科学研究，目的是理解并优化运动员的个人和集体行为。按照这一定义，运动员被看作是活跃的有机体，他们在积极地寻找、过滤、有选择地处理、重新组织并创造着信息。

运动心理学在体育比赛中的作用越来越受到人们的重视，从而促进了运动心理学研究不断深入，这种深入的一个突出特点就是采用先进的研究手段和方法。在任何一项竞技体育项目中，都存在着瞬息变化的比赛局面，运动员应该能够不断迅速地搜寻到有用的视觉信息，同时做出相应的动作反应。获得运动员在比赛中的视觉搜索及注视信息，对于运动员、教练员和研究者来说就显得至关重要，而眼动记录方法正好可以提供上述信息（张忠秋，2001）。近年来，眼动记录方法被广泛应用于各类运动项目的研究。眼动分析有利于了解运动员在比赛过程中每一时刻的视觉活动，这是其他研究方法所不能获得的，这种信息一方面有利于运动员赛后获得准确的反馈信息，另一方面，有利于教练员有的放矢地对运动员进行指导（席洁，2004）。

射击（shooting）是用枪支对准目标打靶的竞技项目，起源于军事和狩猎活动。按照枪支和射击方法可分为步枪项目、手枪项目、飞碟和移动靶项目四大类。1984年第23届奥运会上，射击运动员许海峰获得冠军，取得了中国奥运史上的第一枚金牌，翻开了中国体育崭新的一页。射击项目是我国传统的优势项目，历来是中国奥运的夺金大户，我们拥有一大批优秀的高水平射击运动人才，源源不断的人才储备是实现可持续发展战略的重要基石。

对于优秀运动员的认知加工过程进行专业分析，了解专家的认知加工效率，我们认为具有十分重要的现实意义。

射击作为一项竞技运动，与视觉的关系密不可分，包括视力、立体视觉和眼球运动等，还有调节灵活度、融合灵活度、周边视觉、手眼协调性等很多视觉高级功能都与射击成绩密切相关。射击运动要求运动员具备良好的心理素质和时空感，动作协调，注意力高度集中，视觉信息搜索在射击运动中具有重要的作用。高水平射击运动员能在短时间内迅速集中注意力到有用信息上，排除各种干扰，达到动作流畅自如的状态。要想获得好的射击成绩，就必须了解并控制好眼球运动，始终让运动员的注意力集中在比赛过程中，不考虑比赛结果，忽略外部环境的干扰，击发过程中屏气凝神、全神贯注，学会控制自我情绪，射击的视觉眼动过程虽然简单但却专注，运动员要关注于自我动作技术的完成，灵活调整转换自我注意焦点。以往对于射击项目的眼动特征研究很少，如何了解高水平射击运动员在运动过程中的视觉注意特征，探讨高水平射击运动员在竞技比赛中视觉信息加工的特点、注意力集中程度和注视点的分布情况，为更好地指导运动训练及选材服务，是本研究着重想探讨的部分。

事实上，查阅了相关的运动心理文献资料，我们发现，虽然现有的眼动分析研究成果较多，但较为散乱，研究结论也不尽一致，一般只是对于眼动数据的简单分析讨论，缺乏深层次、多角度的研究，也缺乏很好的理论背景支持。眼动研究一般出现在开放型的项目中，以外界环境信息为主导的运动项目中比较常见，对于射击运动这一重要的闭合型项目的研究没有很多的相关报道。本研究将尝试以射击运动项目为突破点，以运动员的专项认知眼动特征为核心，借鉴认知心理学的实验方法手段，选取不同运动水平的射击队员，采用专家—新手范式，了解运动员信息加工过程中的动态注意、视觉搜索轨迹以及心理过程、认知特点等，探讨眼动特征的认知规律，丰富和完善运动心理学理论，揭示专家运动员的视觉搜索和注视信息，找出不同水平队员之间的差异。

1.2 眼动研究综述

我们大脑内部最大的感知系统就是视觉系统,其包括眼睛和大脑两个部分。人类获取外部信息最主要也是最重要的途径就是视觉,视觉获取的信息再由大脑进行有效加工,视觉系统是大脑神经中枢的重要部分,研究已发现,人在用脑的同时也会引起眼球的运动。对于视觉系统的研究,可以获取人在观察外部事物时的注视和眼跳的规律,进而探讨人的视觉系统的感知和整合的机理。在实验心理学早期历史中,中外心理学家就开始注意眼动特征及其规律在心理学中的意义,利用眼动探索人在各种不同条件下的信息加工机制成为当代心理学研究的重要范型,眼动被认为是研究信息加工过程的最为有效的手段之一(Hideko Itoh,Keiji Fujita,1980)。

西方的眼动研究开始于19世纪末,它是通过询问测试者的方式来确定被试眼睛的注视点,这是一种主观感知的方法。随后,研究者们采用光记纹鼓记录肌肉运动的方法,后来又采用机械记录的方式发明了记录眼睛注视点位置的方法来测量眼动;由于角膜反射原理和光记纹鼓的方法应用于记录眼睛注视点的位置,使得眼动测量得到了极大的发展。1931年,MA Tinker通过光记纹鼓记录法记录双眼运动的图像,同时记录了横向和纵向运动的图像,再利用角膜反射光点的变化位置来估算眼睛的位置记录眼动。20世纪60年代,随着红外技术和微电子技术的高速发展,出现了一些更加简便高效的方法,眼动测量技术呈现出迅猛发展的态势。近年来,随着神经生理学、神经解剖学、神经眼科学和脑成像技术的发展,对于眼动的研究也日益深入。高科技技术在眼动测量中的应用推动了眼动记录方法及眼动研究的进一步发展,眼动仪变得越来越方便和精确,这使得眼动的测量和研究也发生了突飞猛进的变化。目前,眼动的研究主要在阅读、视觉信息加工的神经机制、发展心理学、广告心理学、交通心理学等研究领域中。

可以认为,眼动研究一直是心理学家经久不衰的研究兴趣之一,同时也是国外心理学研究的热门领域。1981年在德国伯恩举行了第一届欧洲眼动大会(ECEM),经过几十年的发展,它的规模和范围早已超越了欧洲大陆的界限,成为全世界眼动研究学者们的一次盛会,两年一届的盛会已经到了第18届。2004年5月在天津师范大学召开了首届中国国际眼动大会(CICEM),目前也已成为国际上重要的眼动会议,2016年5月,第八届中国国际眼动大会在东北师范大学举办,共有130余位眼动专家学者参会,大会内容涵盖了阅读、语言、记忆、决策、元认知以及各应用领域等多个方面,成为连接各国眼动研究的纽带。

中文阅读的眼动研究第一篇论文是留美中国学生沈有乾1925年在美国《实验心理学》杂志上发表的,其题目是《竖排版和横排版中文阅读的眼动研究》。由于种种客观原因,我国的眼动研究起步很晚,在20世纪五六十年代,国内仅有几项眼动的研究报告,进入20世纪80年代以来,我国一些知名大学的心理系、教育系和科研机构陆续从国外购置了眼动仪,并开始进行具体的眼动研究,很多学者在借鉴国外先进研究经验的基础上,开展了极具中国特色的中文阅读等研究工作。进入21世纪以后,越来越多的研究机构开展了眼动具体应用研究,国内在眼动研究领域已经取得了令人可喜的成果。

研究表明,眼动的各种模式一直与人的心理变化相关联,对于人是如何看事物的科学研究一直没有间断过,人们可以通过观察一个人的眼睛来了解其心理。但是,要真正做到这一点并不容易。眼动的早期研究有人认为可以追溯到古希腊,但是实际上真正使用仪器设备对眼动进行观察和实验则是从中世纪才开始的。近一百多年来,心理学家及有关专家一直致力于改进眼动的记录装置,通过分析记录到的眼动数据来探讨眼动与人的心理活动的关系。他们进行着不懈的努力和探索,并取得了一系列的成就。近年来,一些精密测量眼动规律的仪器(以下称眼动仪)相继问世,为心理学的实验研究提供了新的有效的工具,这使心理实验的客观性、科学性又向前迈进了重要的一步。眼动仪能及时对人的心理活动进行精确分析,人们可以利用它探讨人在不同认知条件下的视觉信息加工机制。眼动研究一直是心理学家经久不衰的研究兴趣之一,是国内外心理学研究的热门领域(沈德立,2001)。

在眼动研究中,一个至关重要的问题就是如何准确地记录人的眼球运动。眼动技术可以从眼动轨迹记录中提取出注视次数、注视时间、瞳孔直径、眼跳距离等数据指标,从而了解个人的内心心理活动。从直接观察法、后像法、机械记录法、光学记录法到电流记录法,眼动记录方法前后经历了多次演变。

20世纪60年代以来,随着摄像技术、红外技术(infrared technique)和微电子技术的飞速发展,特别是计算机技术的运用,推动了高精度眼动仪的研发,极大地促进了眼动研究在国际心理学及相关学科中的应用。眼动心理学的研究已经成为当代心理学研究的重要部分。在国外,眼动研究被广泛地应用在如下的研究领域:人的因素、行为研究、模式识别、市场研究、医学研究、公路工程研究、驾驶员训练和评价、仪表盘面设计评价和阅读研究等方面(邓铸,2005)。

实验和观察都证明,眼球运动的特异性和视觉信息的加工过程密切相关,揭示这两者之间的活动规律,对于解释心理学中的许多疑问提供了可能性,这是一个复杂而有趣的领域,已经引起了心理学、生理学、生物学和医学界的广泛关注。在眼球运动的生理基础、眼动的基本形式和眼动信息加工模式三个方面已经获得了初步成果,这些成果为在心理学中应用眼动实验方法,奠定了基础(朱滢等,2002)。

1.2.1 人的视觉和眼动的基本模式

一、眼睛的生理构造与眼动的生理机制

人眼的形状类似一个球状体,其直径大约为23mm,是由许多微小的部分共同组成的一个复杂器官,每个部分对于产生正常的视觉都是非常重要的。人眼有较为独特的形态,巩膜是眼球外部的白色部分,面积较大,暴露在外,是眼球壁的最外一层。虹膜在眼球的中央位置,较黑,是独一无二的,白色的巩膜和黑色的虹膜形成了强烈对比,与其他灵长类比较要更显著。

眼球在眼眶内,有三对眼动肌控制眼球的运动,它们协调活动控制着眼球上下左右的运动,分别是内直肌和外直肌,上直肌和下直肌,上斜肌和下斜肌。眼球运动的范围为18度,超过12度时就需要头部运动的帮助。两个眼球的活动是很协调的,总是向同一方向运动。当头部不动时,两眼的运动程度可能不同,但是差别很微小,所以,许多眼动仪记录往往是一只眼球的运动轨迹。

二、眼动的基本模式

一般认为,人的眼球运动有三种基本类型,注视(Fixation)、眼跳(Saccades)和追随运动(Pursuit movement)。为了看清楚某一物体,两只眼睛必须保持一定的方位,才能使物体成像在视网膜上,这种将眼睛对准物体的活动称为注视。为了获得和维持对物体最清楚的视觉,眼睛还需要进行跳动和追随运动。通常我们将这三种眼动结合起来,将感兴趣的目标区域保持在眼球的最敏感的区域(视中央窝),来得到清晰的视觉图像。视中央窝就像一个聚光灯一样,我们不断通过各种形式的眼动将中央窝调整到感兴趣的位置,从而获取关于整个全局的信息并整合成一幅完整的视觉图像。

1)注视:注视的目的是将眼睛的中央窝对准某一物体,获得更充分的加工而成清晰的图像,但注视不等于眼睛的静止。注视中常常伴随着三种形式的极为细微的眼动:自发性的高频眼球微颤、慢速漂移和微跳,这些细微眼动是视觉信息加工所必需的信息提取机制。一般认为,慢速漂移使目标逐渐离开中央窝的中心,而由微小跳动纠正这个偏差,以保持正确的注视状态,这就使得被注视物体在视网膜上的成像位置不断发生变换以克服视网膜适应导致的视像消失,而眼球震颤则可将刺激信息调制成交流信号以便能穿过视觉通道。

2)眼跳:眼球的跳动是巴黎大学 Javal 教授发现的,是指在注视点之间眼球发生变化的眼球运动,眼跳过程中并不能形成清晰的影像。眼跳的功能是改变注视点,使下一步要注视的内容落在视网膜最敏感的区域——中央窝附近,这样就可以清楚地看清想要看的内容,是注视点或注视方位的改变,这种改变往往是个体意识不到的。眼跳是两只眼睛同时发生移动的一种眼球运动且眼跳的速度很快,最高可达每秒 450 度,眼跳的幅度则可以从 2 分度到 20 分度。水平方向的眼跳所用的时间较少,少于垂直方向和倾斜方向 20°的运动时间,眼跳距离越长,眼跳时间也越多。眼跳运动的时间随运动距离增加而增加,眼跳有两个特点:第一,左眼、右眼的每次眼跳几乎都同时进行;第二,眼动速度相当快。

3)追随运动:当我们在观察一个运动的物体时,为了使眼睛始终注视在这个目标上,眼睛就必须要追随目标而移动,目的是为了让被注视物体始终落在中央注视位置上。追随运动过程中经常有距离较大的眼跳和微跳。在平滑跟踪过程中,大脑需要同时加工时间和空间的信息,眼球运动速度和方向主要与所注视物体的速度和方向有关。

事实上,以上三种眼球运动方式是紧密相关的,目的在于让人眼保持一定的方位,让物体清晰成像在视网膜的中央窝位置上。通常认为注视是目标物静止的平滑追踪运动,眼跳是由位置信息引导的一种非连续、阶跃式的快速眼球运动。也正是由于眼跳的存在,我们才能快速移动注视点,并把分辨率最高的视网膜中央窝对准感兴趣的目标以进行视觉信息处理。

眼动可以反映视觉信息的选择模式,对于揭示认知加工的心理机制具有重要依据。研究发现,两眼的跳动几乎完全一致,这为眼动研究提供了诸多便利(阎国利,2004)。

如果依据两个眼球的旋转方式(同方向旋转、反方向旋转)又可以将眼球运动分为转向眼球运动和转斜眼球运动。转向眼球运动又可细分为凝视保持与凝视位移两部分。凝视保持又可以分为前庭眼动反射、视动眼震与注视(fixation,也称固视);凝视位移又可以分为眼跳(saccade,也称跳视)与平滑追踪(smooth pursuit,也称平滑追瞄)。

1.2.2 眼动研究的基本理论

模式是某种理论的一种映射,即模型是理论的一种严密的表达形式。表达眼动过程中的信息加工基本结构的形式就是眼动信息加工模式。目前,这些模型大部分来自阅读问题的眼动研究。但是,由于人眼观察其他视觉刺激时的眼动过程与阅读过程的眼运动有很多共同之处,所以这些模型对于认识阅读以外的眼动信息加工规律,无疑也是具有重要意义(朱滢,2000)。

对阅读活动中认知加工与眼动行为关系的研究已经有一百多年的历史,其中出现了多个眼动控制的理论模型。比较成熟的模型出现在 20 世纪 70 年代中期,以视觉缓冲加工模型(vision buffer processing model)和副中央窝加工模型(parafoveally processing model)为代表。20 世纪八九十年代是眼动控制模型的繁荣时期,出现了几个较有影响的定性模型,如 Morrison(1984)眼动理论模型、即时加工模型(immediately processing model)和眼脑加工(eye-mind processing model)模型等。目前对阅读活动眼动控制理论模型的研究已经进入了量化研究阶段,其中以 Mr. Chips 理想观察者模型和 E-Z Reader 模型等最为经典。

目前较为流行的眼动模型是 Reichle 等人(Reichle,Pollatsek,Fisher & Rayner,1998)的 E-Z 读者模型,这一模型对认知加工与阅读中的眼动关系作了定性的说明和定量的描述。Reichle 等人认为阅读时的眼动过程包括五个阶段:(1)对一个词的熟悉性验证;(2)完成对该词的词汇通达;(3)不稳定的眼动计划阶段,该阶段的眼动计划可能被随后的眼动计划取消;(4)稳定的眼动计划阶段;(5)实际的眼动阶段。它试图在单词水平上解释眼动行为特点,尤其是注视在时间和空间两个维度上的特点(阎国利,2004)。

在阅读过程中,眼动同认知加工之间的关系是十分复杂的,人们已经提出了一些理论模型试图去解释它,这些模型都在一定程度上揭示了眼动与阅读之间的关系。但是,由于阅读本身是一个十分复杂的认知过程,要通过眼动去揭示这个过程也并非易事。以上介绍的几种眼动信息加工模型只是这类模型中最具有代表性的部分。它们在一定的程度上揭示了眼动和阅读之间的关系,但是要通过一个眼动信息加工模型去揭示阅读过程的复杂规律还需要今后进一步的努力。目前还没有一个公认的比较理想的理论模型,科学家们正在积极努力探究。

1.2.3 眼睛运动的记录方法

眼动的早期研究有人认为可以一直追溯到古希腊,但实际上真正使用仪器设备对眼动进行观察和实验则是从中世纪开始的。中世纪早期,生理心理学作为一门特殊的实验学科出现,阿拉伯人改良了观察眼动的仪器,把数学和实验光学同解剖学结合起来,发展了视觉理论。许多视觉实验方法和实验仪器被迅速用于心理学的研究中,这期间最有代表性的就是 Ibmal Haytham 的著作 Kitabal Manazir,这是第一部生理光学手册,详细地描述了眼睛的结构和视觉系统的解剖特点,并提出了中心视觉和边缘视觉的理论等。

1 绪 论

第一批眼动装置是在19世纪末期到20世纪早期开始应用，它们是把设备放到眼球上来记录眼动位置，由于是将装置放在被试眼球上，被试会有不舒服的感觉，这些仪器主要应用于对于幻觉和阅读等心理物理现象的实验研究中。自从Diefendorf和Dodge(1908)第一次将眼动记录应用于研究精神分裂症的研究以来，眼动记录的方法在过去的一百年发生了翻天覆地的变化。从开始的有创伤的方法到后来的无创记录法，从眼电图记录法(EOG)到角膜反射法，从医学疾病领域到教育、认知心理学等领域，眼动仪已经成为广泛使用的研究工具。

从Ibmal Haytham发表著名的生理光学论文到19世纪，眼动研究沉寂了八九个世纪。一直到Bell和Miiler这两位生理学的奠基人发表了一系列专论眼动的论文，才使这一领域重放异彩。一百多年来，不少心理学家、计算机专家等一直投身于改进眼动记录设备的工作，不断进行探索性尝试，取得了诸多丰硕的研究成果。眼动仪不断更新换代的同时，借助脑电、心理多导仪等多种技术设备的共同研究，人们对于认知加工的心理过程有了更深入的了解和探究。同时，眼动仪的设计不断人性化，操作和使用越来越简单，从而吸引着越来越多的心理学家在阅读和信息加工等领域的眼动研究更加多样。

依照系统与人的关系划分，我们可以将当前的眼动仪分为穿戴式视觉追踪系统和非穿戴式（遥测式）视觉追踪系统两大类。穿戴式视觉追踪系统需要将追踪设备固定在人的头部，保持设备和人位置的相对稳定，优点是保证了摄像机和人眼距离的稳定，降低了后期处理数据的难度，精确度较好，不足之处就是限定了被试的头部活动，对被试的正常活动有一定的干扰。非穿戴式视觉追踪系统对个人的正常运动并没有直接影响，是一种非侵入式的视觉追踪，被试所受到的干扰较小，不足的地方是精确度还不算太高。当前眼动仪发展的趋势是发挥各自优势，在不干扰被试正常活动的前提下提高精确性和生态学效度，并逐步向非穿戴式视觉追踪系统发展。

眼动记录方法主要包括以下几种：1)观察法,包括直接观察和后像法。它简单易行,但只能对眼动进行比较粗略的了解,结果不够精确。2)机械记录法,指眼睛与记录装置的连接是由机械传动实现的,包括头部支点杠杆法、气动方法、角膜吸附环状物法等,这种方法装置复杂,调整起来很麻烦,且实验结果准确性较低,目前逐渐被淘汰。3)光学记录法,主要有角膜反光法、光电记录法等几种。4)电流记录法,包括电流记录法、电磁感应法两大类。随着科学技术的进步,眼动记录技术不断完善,特别是电子计算机在眼动记录中的广泛应用,让眼动记录技术有了长足的进步,眼动仪在心理学研究中越来越显示出它的重要性。

眼动仪是一种比较复杂的大型心理学精密仪器,国外在20世纪初期开始研制出眼动仪。眼动仪是视觉注意与视觉搜索研究中一种重要的实验仪器,可以用来研究视觉注意与视觉搜索的过程及其规律。通过眼动仪可以准确记录到每个注视点及注视的停留时间、注视轨迹,并对视觉搜索过程中时间和空间的变化规律进行科学分析。

随着科学技术的不断发展,认知心理学研究也不断深入,眼动仪也在快速发展和演变中,眼动研究成果不仅是在阅读领域取得了长足进步,眼动相关理论也在不断完善和调整,也被广泛应用到各个领域,相信眼动记录设备会随着时代的发展有着进一步的提升,在测量的准确性、灵敏性和生态学效度上有更好的突破。

从已有的报告中可以看到,目前眼动研究中运用的仪器包括美国应用科学实验室(ASL)的504型眼动仪(U托,固定头部),ASL4200型眼动记录仪,EMR-600角膜反射(耐克公司生产),Nac-V型眼动仪(角膜反射技术),IViewX头盔式视线追踪及分析系统(德国SMI公司生产)、加拿大SR公司生产的EyeLink眼动仪和瑞典生产的Tobii眼动仪等。现代高科技手段广泛应用于眼动记录技术,如摄像技术、红外线定位技术、电子计算机技术等,使得眼动数据系统的记录容量加大、速度加快、精度提高,如数据采集率高达500Hz,可高速记录双眼位置,并具有优越的空间解析度,低噪音的特点,平均注视位置误差小(李京诚,2006),EyeLink 公司使用定制的高速相机和高敏度图像处理技术,能高速记录双眼位置,EyeLink2000 型眼动仪是超高速、高精度的眼动追踪系统,是一款头戴式双眼跟踪设备,数据采集率高达 500Hz。研制的系统具备优越的空间解析度(<0.005°),低噪音(<0.01° RMS),实时的注视位置数据传输的延迟(delay)只有 3 毫秒。

瑞典 Tobii 公司是全球眼动追踪和眼动控制技术的领导者,目前是全世界最大的眼动仪生产商,2010 年 Tobii 眼动仪在各领域销售 3600 多台,占到全世界整个市场 90%以上,Tobii 可运用全球网络实现资源共享。同时,Tobii 是唯一在中国有售后服务工厂的眼动仪公司,为中国客户提供更加便利、完善的本地售后服务。例如,Tobii TX300 组合式眼动仪为眼动性能的控制设立了新的行业标准,配有即插即用的 23 寸显示屏,它集各种优势于一体,集成屏幕式和独立式两台眼动仪,具有 300Hz 高采样率,极高的数据准确度、精确度和稳定的追踪能力等特点,实现了人类行为和眼动神经功能的非侵入式研究,采样率高,能很好收集到注视点、瞳孔、眨眼等眼动指标,本研究采用的就是 Tobii 公司的 TX300 组合式眼动仪进行实验。

国内在眼动仪研制和开发方面起步比较晚,但是,我国的有关专家在眼动记录技术领域一直进行着不懈的探索。20 世纪 80 年代末,中国科学院上海生理研究所的张名魁和孙复川等研制了红外光电反射眼动测量系统,进入 20 世纪 90 年代,西安电子科技大学自行研制了头盔式眼动仪——西电 3B 型头盔(箍)式眼动测量仪,该系统主要由头箍及光学系统、瞳孔中心提取系统、视景和瞳孔坐标叠加系统、图像和数据记录系统以及数据后处理软件组成,它是一种中精度的双眼眼动仪,利用红外摄像法原理获取双眼的图像,用高速信号处理的方法实时提取瞳孔中心的坐标,再与外景图像迭合。

从方法上讲,将来的眼动研究可以结合脑成像(fMRI)、脑电(ERP)以及透颅磁刺激(TMS)等其他先进的技术,从整体上探讨眼动在记忆中的作用。同时,寻找更有效的统计分析方法对眼动数据进行分析,以获得对眼动的更深刻认识。从研究取向上讲,眼动作为一种比较容易观测的外显行为,具有一定的可塑性,除了继续深入研究与记忆相关的眼动特点外,还可以反过来,对如何通过训练,改变眼动模式,以提高记忆效果或学习效率等方面进行研究(丁锦红等,2006)。

张森等(2007)从眼动仪器的应用和发展角度进行分析,认为:(1)目前关于眼动的研究文献和硬件设备很多,但由于每个作者和设备生产商使用的概念和参数指标不同,造成了各种方法、模型和设备性能无法比较,给眼动的研究带来许多困难。(2)眼动仪已被广泛应用到各行各业,包括运动心理学领域,取得了诸多应用成果,但由于某些技术设备等客观原因,运用眼动仪到正常的运动情境还欠缺一定的生态学效度,例如平面效果和实际的三维环境并不能在眼动仪上得到体现。(3)头盔式视觉追踪眼动仪及分析系统的发展,使得被试在实验时可以移动头部和身体,研究的生态学效度有所提高,但由于头盔上的设备和眼部摄像头以及各种连线导致被试者不能快速运动,在自然环境条件下仪器精密度下降等因素的限制,使研究的应用场所受到局限,运动员头戴"测试帽"进行运动还会干扰他们的技能操作,分散他们的注意。此外,目前的眼动仪只能记录眼睛在某个纵深距离水平维度上的移动,记录视觉纵深变化的功能还不能较好地实现。(4)现有的头盔式眼动仪在数据采集和处理上还未达到记录阅读眼动状况仪器系统的水平。能够适用于体育运动领域眼动研究的仪器软件的研制、开发还很欠缺。(5)能有效结合被试的认知行为指标和眼动记录的科学仪器还没有很好展现,综合评价运动员完成认知任务的专项能力还急需加强。

目前,运动心理学领域对眼动仪的应用都是从探索与揭示规律的角度来进行一些偏基础性的研究,随着仪器用途的拓宽,从更加实用的角度应用眼动仪将成为可能,更多的应用性研究也将涌现。适用于体育运动心理学领域眼动的研究,需要对仪器软件进行特别研制和开发,这将会给体育运动心理学领域的眼动研究带来更加适用的手段和应用推广的动力,这也将是它的一个重要趋势。

1.2.4 眼动分析的常用指标

研究表明,眼动的各种模式一直与人的心理变化相关联。它在认知神经科学、心理学、计算机科学和广告等研究领域中得到了广泛的应用,并取得了一系列丰硕的成果。眼动指标作为一类重要的生理指标,因具有实时性、无干扰性、有效应被广泛应用在各行各业中。近年来,我国研究者在中文阅读和图形识别的研究中,使用眼动仪也取得令人瞩目的成果,给心理学研究带来了新的动力。眼动仪是一种严格精确的技术,因此具有广泛的应用领域和良好的发展前景,包括基础研究和应用研究两个方面。其中在基础研究方面,特别是在中文阅读方面应用较为广泛,此外,眼动技术还可以用于知觉、注意等多方面的研究;在应用研究方面,眼动技术可以用于人机交互界面、广告、体育、军事等领域(张学民,2004)。

利用眼动仪,我们可以准确及时了解被试在进行认知加工过程中的注视点位置、注视次数、注视时间、眼跳距离、注意轨迹和瞳孔变化等。研究者通过设计一些相关任务能够从这些指标中推测在该任务下人相关的心理过程。在研究中,可以通过被试眼睛的运动、注视、瞳孔变化等特征来揭示人类大脑的活动和相应的心理过程。当前,眼动记录技术和眼动数据的分析技术都取得了长足发展,针对不同的研究课题,我们应该选取相对应的眼动数据作为指标来进行深入分析。从近些年发表的研究报告看,利用眼动仪进行心理学研究常用的指标或参数主要包括:

(1)眼动轨迹图:它是将眼球运动信息叠加在视景(visual scene)图像上形成注视点及其移动的路线图,它能最具体、直观和全面地反映眼动的时空特征,由此判定各种不同刺激情境下、不同任务条件下、不同个体之间、同一个体不同状态下的眼动模式及其差异性。

（2）眼动时间：将眼动信息与视景图像叠加后利用分析软件提取多方面眼动时间数据，包括注视（或注视停留）时间、眼跳时间、回视时间、眼跳潜伏期、追随运动的时间，以及注视过程中的微动时间，包括自发性高频眼球微颤、慢速漂移和微跳时间。

（3）眼动的方向和距离：即在二维或三维空间内考察眼动方向（角度），包括首次眼跳距离，眼跳总距离等，了解被试视觉搜索的正确性和注视点转移过程。

（4）瞳孔的大小与眨眼：瞳孔大小与眨眼也是视觉信息注意状态的重要指标，而且与视景迭加可以解释不同条件下的知觉广度或注意广度，也可以揭示不同刺激条件对注意状态的激发。瞳孔通过括瞳肌和缩瞳肌调节光线水平，与视网膜及皮层细胞构成瞳孔反射，推动眼的折光成像。瞳孔直径的变化反映了认知加工时的心理负荷（陈庆荣，邓铸，2005）。

眼动指标种类多样，每种指标都有最合适的适用范围，应当根据实验的特点灵活选择测量指标。随着科学技术的提高和眼动测量技术的不断发展，眼动指标的选择和应用呈现出越来越深入和细化的趋势，例如从研究简单的注视次数深化为研究更为细致的STs次数，从研究瞳孔大小深化为研究认知活动指数，这种趋势加深了对眼动指标本质的理解，同时也能克服传统眼动指标的一些弊端（靳慧斌，2015）。

1.2.5 眼动研究的基本内容

眼动实验最早是从视觉心理学领域开始的。至今为止，心理学中的眼动实验研究主要集中在阅读和图形认知两方面（朱滢，2000），尤其是关于阅读眼动过程的研究占了绝大多数。最明显的视觉能力是眼睛接受外界大量信息，并对这些信息进行加工，从中认知熟悉的图形符号或物体，这就是图形认知。在我们日常的生活中,从看景物到阅读,都与图形认知有关。阅读是从文字系统中提取信息的过程,通过视觉器官接受文字符号的信息,再经过大脑编码加工,从而理解课文的意义,这是积极主动地接受和理解信息的过程,是一种高级复杂的认知技能。阅读是人们日常学习和生活中一项十分重要的认知活动,它是人们获得知识、增长经验的重要手段之一,已有的大部分眼动研究集中在阅读领域。

眼动研究的基本内容有很多,根据研究的内容不同涵盖不同的研究领域,有研究者总结了相关的几个方面(隋雪,李立洁,2003)。

一、对眼动基本问题的研究

于国丰(1983)认为,眼动类型有平稳跟综运动(smooth pursuit movement)、扫视眼动(saccadic movement)、固视微动(small involuntary movement)、辐辏运动、前庭性眼震(vestibular nystagmus)、视动性眼震等,基本反映了眼球运动的类型。这些不同的运动受不同的机制所控制,完成着不同的任务。正常人的眼动受视觉任务的影响,能很好地加以调整以完成获取信息的任务,而且眼动是一种受中枢神经系统控制的有规律运动。韩玉昌(1997)研究发现:人眼在观察不同形状和颜色时,眼动具有时间序列和空间序列的特性,形状和颜色一样具有诱目性序列特征;眼动凝视点受到刺激所处空间位置的明显影响,反映了刺激物与眼动之间的关系,这些结果为应用领域的视觉效应的设计提供了理论依据。

眼动控制是眼动研究的一个重要方面,它主要是研究在阅读中,阅读者注视的时间、注视点停留位置和眼跳距离、回视等几个方面。通过眼动控制方面的研究可以了解到阅读中眼动的方向和眼动的时间,进而为提出科学的阅读方法、提高阅读效率增进学习效果提供理论基础,更为重要的是这方面的研究为解释阅读时眼动过程与认知过程的关系提供了基础的研究证据。

眼动控制系统包括计划（Programming）、监控（Monitoring）、采样（Sampling）和转换（Switching）等四个功能性成分，它们协调工作，共同完成视觉追踪的眼动预测控制。眼动的控制模式包括直接控制模式和认知控制模式两种观点（关于眼跳的研究随后将有专门部分讨论）。

二、对阅读中眼动的研究

阅读的研究历史一般分为三个阶段，从19世纪末到20世纪20年代是基础研究阶段，20世纪20年代到50年代是应用研究阶段，第三个阶段是20世纪50年代到现在，这是全面发展阶段，各项研究突飞猛进。而中文阅读过程眼动的研究经历了一个曲折的发展过程。阎国利（2000）等人认为这一过程可以分为3个阶段：从20世纪20—30年代为第一阶段，是阅读眼动研究的初期阶段；从20世纪40—70年代为第二阶段，是阅读眼动研究的中期阶段；从20世纪80年代至今是第三阶段，是阅读眼动研究的深入阶段。

三、对追踪、搜索、编码等高级心理过程眼动的研究

图形识别是心理学和人工智能研究的一个重要课题。20世纪60年代后，由于认知心理学的兴起，图形识别的研究取得了重要的进展，研究者提出了许多理论模型。例如，模板匹配模型（Lindsay，Norman，1972）、傅里叶模型（Kabrisky，1964）、特征分析模型（Selfridge，Neisser，1968）、从上到下和从下到上的加工模型（Posner，1972）、计算匹配模型（Marr，1982）等等。半个世纪以来，各种理论之争从来没有停止过。

外界信息通过眼睛进入人脑得到加工，但对有用信息的获得需要排除外界干扰，这就要求主体在复杂环境条件下进行有目的的视觉搜索。王坚（1992）利用眼动测量技术记录了视觉搜索中的眼动过程，结果表明不同的目标概率会引起平均注视时间长短的变化，注视点的分布不但与目标概率有关，而且受被试所用的

扫视策略影响。频谱分析结果表明,在目标概率不同时被试会使用不同的扫视模式,扫视模式在 X 方向和 Y 方向也不相同,时间序列分析是一种分析扫视模式的较好方法。王坚(1992)还利用眼动测量技术记录了等目标概率下视觉搜索的眼动过程,以了解目标觉察时的扫视模式。结果表明:当目标概率相等时,注视点的分布与目标概率的分布一致,平均注视时间主要在 240~320ms 之间,而且被试具有固定的扫视模式。

视觉搜索是一种静态的活动,对运动物体的信息加工需要不断调整以对准加工对象,即追踪运动。丁锦红(2001)等人对向左、向右、向上、向下 4 个方向的平滑运动视觉追踪的眼动特点进行了探讨,并采用频谱分析的方法对 4 个方向上视觉追踪的眼动参数进行了分析。结果表明水平追踪与垂直追踪之间的差异较为普遍,左右追踪之间、上下追踪之间也都存在差异。此外,吴兵(1999)等人研究了旋转汉字识别的眼动特性,方芸秋(1999)研究了多重编码中的眼动模式,都得出了许多宝贵的研究结果。

有研究者提出,对人类视知觉的研究包括三个层次,第一层次是早期的视觉研究,包括颜色、材料、深度以及对边界或表面的表征;第二层次是关注于对形象与空间之间关系的;第三层次是视觉表征及其意义获得的过程,包括对认知和知觉相关的加工和表征等。在真实的情景浏览中,人们并不是穷尽所有信息,而是有选择性、有指向性的注视他们感兴趣的区域或刺激物。不少研究者尝试解释这种指向性的内在心理机制。Henderson(2007)提出了注视控制(gaze control)一说,他认为注视控制是指服务于情景信息加工的实施注视定性过程。目前,注视控制的研究主要集中在"什么信息"具有注视控制作用。

1.2.6 眼动研究的基本特点

目前关于眼动研究的技术手段、研究思想和涉及的课题领域都还处在迅速的发展过程中,尤其在我国,随着计算机技术的不断发展,各大学纷纷开办心理学专科和投入大量资金(其中包括眼动仪实验室等)进行眼动的研究,眼动仪的智能化也将日新月异,国内将有一大批学者和心理学家来从事眼动心理学的研究,使眼动心理学研究出现可喜的规模化和专业化现象(张学民,2004)。

查阅相关的文献,结合现有的研究成果,我们总结出几点眼动研究的特点:

第一,眼动法实现了对认知加工过程的客观测量。个体的心理是不断发展变化的,要想探讨个体心理发展的规律,就必须通过一定的方法、手段,控制一些影响他们某种心理活动的因素,这样才能确保研究结果的客观性。眼动记录法克服了以往研究方法客观性不足的缺陷。一般研究中,除了考察一般常用的正确率、反应时等指标,眼动为我们提供了注视时间、注视次数、注视频率、注视顺序、瞳孔直径变化等更为客观的指标,利用这些指标我们可以更客观地说明被试对当前任务是进行怎样的加工。

第二,眼动法实现了对认知加工过程的同时测量。眼动法通过注视时间、注视和回视次数及回视方式、注视顺序、瞳孔直径变化等指标,来说明每一时刻被试是如何进行信息加工的。具体来说,通过眼动记录,我们可以清楚地说明被试在材料的某个区域上注视时间是多少,注视点个数是多少,什么区域的信息加工在注视之后立即发生,而什么区域是注视完再回过头来进行加工的;什么区域被多次注视,什么区域没有被注视;不同年龄的被试对材料的加工有何差异,都是采用什么方式进行加工的;被试进行信息加工时,思维的紧张程度是如何随着材料的内容以及难易程度变化等。一般的反应时方法,也可以说明被试进行信息加工的时间长短,但这个时间是一个总的反应时间,不可能清楚地说明这个时间是一次加工所需的时间还是多次加工的时间,更不可能说明被试是采用什么方式对材料进行加工的。因此,和眼动方法相比,一般研究方法无法对认知加工过程进行动态、实时测量(阎国利,2004)。

第三，眼动法实现了对认知加工多方面的考察。首先，被试必须对当前材料进行感知才能完成信息加工，眼动可以轻而易举的回答眼睛对当前材料是如何进行感知的；其次，被试对材料信息的提取是主动完成的，所以会对任务产生连贯表征，眼动可以通过注视顺序指标揭示不同年龄或具有其他分类特征的被试信息加工的不同方式，这样的结论表明，眼动研究比口头报告的结果更为客观、可靠。另外，眼动仪还可以记录被试在信息加工过程中的瞳孔直径变化，实验证明，瞳孔直径是反应被试认知加工紧张程度（即认知加工效率）的一个敏感指标。由此可见，眼动法可以帮助我们探讨初级的信息加工（对当前人或事物的信息提取）、高级的认知过程（对提取信息的理解）以及生理活动（瞳孔直径）之间的关系和关联。

1.2.7 眼动研究的发展趋势

眼动追踪方法通过记录人眼运动的注视时间、注视位置、眼动轨迹等来了解人对实时信息的获取和加工过程。目前，心理学对于应用方面的研究在不断加强，眼动研究亦如此，包括人机交互、驾驶操控、多媒体应用、广告心理等应用领域，高科技的眼动研究和人们日常生活有了紧密联系，对于社会、个体行为也有了一定的技术指导。同时，越来越多的研究将眼动仪与其他大型精密设备如FMRI等接合使用，更有利于认知过程中生理机制的深层次研究（韩玉昌，2004）。我们对目前国内外的研究成果进行了概括综述，总结了几点眼动发展趋势：

第一，计算机在眼动记录技术中的广泛应用。眼动仪在记录速度还是在精度上都有了很大的提高，一些粗糙的眼动记录方法逐渐被淘汰，眼动记录技术的原理不断更新。在最初的眼动研究中，人们使用了诸如观察法和机械记录法等比较原始的方法，发现了一些十分重要的眼动现象，在眼动研究的历史上起到了不容忽视的作用。但是由于这些方法自身难以克服的弱点，随着眼动研究的不断深入,已逐渐被淘汰(阎国利,1995)。随着科学技术的发展,人们一方面将原有的眼动记录技术不断改进,使之更精确、更方便、更快捷;另一方面,不断地探索运用新原理的眼动记录方法,如后来出现的电磁感应法、巩膜—虹膜反射法等新型眼动仪。同时一些研究者还尽可能拓宽眼动仪的功能,使之既可以用于视觉的科学研究,也可用于临床医疗诊断。例如,德国科学家发明一种能够防止司机开车时打瞌睡的监视器,监视器中绑定了"微型眼动仪",它能观察到司机的眼睛运动情况,如果出现打瞌睡、闭眼等状况,"微型眼动仪"就会通过传感器发出信号,设备会出现刺耳的警报声。

第二,眼动仪向智能化、多样化、便携式、多用途方向发展。现代高科技手段广泛用于眼动记录技术,眼动仪发生了革命性的变化,如 EVM3200 型眼动仪,使用了摄像技术、红外线定位技术、电子计算机技术,数据系统记录的容量大、速度快、精度高。它每秒钟可记录 50 次眼动数据,一分钟记录 3000 个数据。高科技技术在眼动仪中的应用,是眼动记录方法的一次革命。

眼动仪在心理学及其他领域的应用,刺激了许多厂商设计制造系统化的产品。这些产品组合了具有各种技术性能的丰富的硬件和软件,使眼动仪能够适应各种领域的需要。同时,由于眼动研究的不同层次、不同水平的要求,生产厂商不断推出技术水平不一、价格呈阶梯升降的产品,眼动仪不单纯用于基础研究和临床研究中,也具备了非常重要的实用价值,能用于医疗、体育、人类工效学等多方面。赛睿的 Sentry 眼动仪可以给竞技玩家带来一种新的训练方式,通过眼动追踪玩家对游戏时屏幕的眼部动作和注视情况等得出统计数据,通过比较 FPM 每分钟注视点数据分析可以反映出玩家大量的数据。

第三,眼动记录技术的发展使眼动实验更趋于自然,大大改进研究的生态学效度。被试几乎可以在完全不受仪器干扰的自然情况下接受刺激。过去实验中对眼睛进行麻醉,并在眼睛上装置附加物的方法已被完全淘汰,过去认为不可能进行的许多生态化要求很高的眼动实验现在也可以进行。例如，GazeTech mni眼动仪体积小巧，既可以通过屏幕端显示刺激材料进行屏幕端的实验测试，也可以同步外部场景摄像头，进行实景研究，特别是针对移动设备，包括智能手机和平板电脑，仅通过USB线就可完成连接。该仪器采用红外补偿照明技术，可以在任何光照条件下进行实验，保证检测的精度和稳定性。无需固定头部，可在自然状态下进行检测。

第四，眼动技术与其他技术的结合使用，有利于认知信息加工过程的深入研究，让人们对心理现象生理机制的研究更深入。例如，眼动技术能有效推测个体的内在认知过程，但是却不能直接揭示信息加工的生理机制，而脑电指标却可以反映大脑中信息加工的生理过程。于是，近年来一些学者在研究中尝试把眼动技术和脑电技术进行结合，这种结合不但带来了研究方法上的突破，而且丰富了认知科学的研究成果(高晓卿等，2005)。例如，眼动技术能有效推测个体的内在认知过程，但是却不能直接揭示信息加工的生理机制，而脑电指标却可以反映大脑信息加工的生理过程，眼动测量与其他测量方法(如脑电波)结合使用能得出有效信息，Janelle等人(2000)的研究中既测查了不同水平射击运动员开枪之前的持续凝视时间，也测量了α波与β波情况。在扣动扳机前的准备阶段，专家—新手在视觉与皮层活动上存在差别，这一研究结果反映出了高水平运动所需要的最佳神经系统结构。某些专家通过使用眼动仪和FMRI同步考察阅读中的眼动与功能性成像。Gamlin和Twieg(1997)开始从事为高场功能性核磁共振成像研究设计一个联合视觉呈现和眼动追踪系统的项目，该项目已经开放出来，但由于价格昂贵，并没有被广泛采用。眼动仪与其他大型生理设备进行密切结合，探讨被试认知加工的生理、心理过程，也符合当今认知心理学发展的大趋势。

第五、眼动理论模型构建的呼声越来越迫切。目前大部分眼动研究都还停留在数据分析整理讨论的基础上，关于眼动的内在心理原因分析不足，虽然在阅读等领域有较好的眼动理论模型构建,但也不能深层次反映被试的信息加工机制,研究结果并不统一。目前,还没有一个公认的比较理想的理论模型。相信随着眼动研究的深入,尤其是眼动研究在实验心理学领域的广泛应用,这个问题终将被人们所认识(李琪,2005)。

科技在不断进步发展,大数据时代的来临,数据的联结已经跨越了时间、空间的界限,渗透到生活的方方面面。"眼动云"的概念开始逐渐推广,眼动云(Gaze Lab)是将眼动等测量搬到云端,使神经学数据采集规模化,为企业提供便宜、高效、标准化的消费者神经学数据一站式解决方案。眼动云依托于数百台精确的眼动与脑电测量设备,在测试项目发布后进行多地多设备联网执行,将数据实时回传,待执行完毕即可开始分析,项目结果可与眼动云累积数据库进行对比。其标准化分析采用先进的可视化方案,结果呈现简洁明了。眼动追踪是研究人注意力的重要设备,但传统眼动研究不仅需要昂贵的设备,且非心理学专业的研究者很难掌握其操作。而采用云端的眼动,眼动研究得以便捷化、低成本化、高效化。基于云端的眼动数据采集分析服务,旨在将昂贵复杂的传统眼动技术改变为高效便捷的注意力测量和研究平台,优化注意力效果。例如,2015年北京数字新思科技有限公司(www.xinsight.cn)在2015年推出了一个快速、便宜的云端眼动测试平台,他们为香港大学商学院搭建易用的云端眼动研究系统,包括数套眼动行为采集设备、云端的实验设计和数据分析系统,完善了香港大学商学院行为实验室。

我们认为,眼动研究是一朝气蓬勃、充满无限可能的大领域,是当代心理学的重要研究领域,科学技术的不断进步是眼动研究不断演变发展的巨大推动力,眼动研究已经开始应用于广告设计、网页评估、体育训练、驾驶分析、产品测试以及教育研究等多个领域,国内先后成立了一批眼动实验室,有一大批心理学家和研究生从事专门的眼动心理学研究,包括天津师范大学、北京师范大学认知国家重点实验室、中国科学院心理研究所等多个科研团队所进行的一系列研究。

1.3 运动心理学的眼动综述

运动认知心理学是对运动员心理过程和记忆结构的科学研究,目的是理解并优化运动员的个人和集体行为。按照这一定义,运动员被当作活跃的有机体,他们在积极地寻找、过滤、有选择性地处理、重新组织并创造着信息。

通过记录人的眼球运动来研究人的心理活动在心理学研究中历史悠久。这种研究方法不仅被广泛地应用于感知觉研究领域,而且也被用来研究人的高级认知过程。运动员的高级认知过程,如运动思维、运动决策等,一直是体育运动心理学研究的重要内容之一(漆昌柱,2004)。研究者对这些高级心理过程的研究兴趣一直没有消退,有关这一领域的研究成果,在增加人们对运动思维、运动决策等知识的同时,也逐渐形成了为研究者所认可并普遍采用的一些研究方法,构成了这一领域研究的方法范式。这些研究方法包括专家—新手研究设计、眼动记录法、电影定格方法和口语报告法等(高亚娟等,2003)。对这些研究方法的分析和探讨,有助于进一步完善研究运动员高级认知过程的方法,促进对运动员高级认知过程的研究,提升研究的科学水平。

在一项体育项目中,存在着瞬息万变的比赛局面,运动员应该能够不断迅速地搜寻到有用的视觉信息,同时做出相应的动作反应。快速、准确的观察、判断和反应,是很多体育运动项目,尤其是直接对抗性运动项目对运动员的要求。利用眼动仪可以测量专家与新手之间在注视次数、注视持续时间以及眼睛扫描轨迹等眼动指标间的差异。眼动记录法在国外体育运动心理学领域中的研究较多,已被广泛地应用于各运动项目的研究中。迄今为止,就研究者掌握的资料来看,体育运动领域借助眼动仪进行的研究主要涉及的项目包括篮球、足球、冰球、体操、乒乓球、自行车、国际象棋、台球、铅球、棒球、羽毛球、拳击,以及板球等几十种。采用的研究范式以新手—专家对比为主,专家主要是指所研究项目的专业运动员,包括国家级、一级、二级运动员等,新手往往指非专业运动员,部分研究还涉及教练员、裁判员等。

1.3.1 运动心理学眼动研究的基本内容

众所周知,人类的信息加工很大程度上依赖于"看"的行为,例如个体眼睛对当前任务注视点的变化、信息相关点、信息不相关点以及注视点在不同维度上的变化可以帮助我们揭开元认知神秘的面纱,介于这种紧密的联系,眼动被认为是研究信息加工过程的最为有效的手段之一。我们假设,任何眼睛注视系列都与当前的中心认知活动密切相关,因此注视方向可以用来理解每一特定时刻注意的焦点(Gerhard,Deffrier,1985)。

运动情境中的信息多为视觉信息,按照认知心理学的信息加工观点,首先我们要研究视觉信息的获取方式。研究者多采用眼动记录法(Eye-movement Registration)和电影定格法(Film Occlusion)两种研究方法,利用可靠的实验技术对专家—新手之间的差异做出客观的证明。

已有眼动研究中的观测指标主要有 2 个,一是被试注视运动情境时的眼动特征,包括视觉注视的位置、时间、次数、眼动轨迹、眼跳动的距离和度数等,通过对这些特征的记录和分析,可归纳出运动员、教练员或裁判员的视觉搜索模式;二是被试注视运动情境时的决策反应指标,包括反应时(键盘反应)、信息加工效率(所做决策是否接近于比赛实际)和动作反应(回击球、操纵杆)等。一般研究都表明,专业运动员具备较好的反应速度,拥有较高的正确率;前一类是眼动反应的直接指标,后一类是认知活动状况的指标。体育运动眼动研究中,单纯运用一个或一类指标的研究居多,综合多个指标进行研究的较少。

研究者主要通过记录和分析注视位置、次数、眼跳等指标来探讨注视与视觉搜索的特征,这些都是眼动的外部特征,可以反映视觉搜索的外部数据或模式,但难以反映运动员决策时的心理认知特点,眼睛注视位置和扫描轨迹并不完全等同于信息搜索过程;若将眼动指标与认知心理学反应时指标和测试方法相结合,与动作预测、直觉判断等运动认知心理研究相结合,与口语报告或访谈调查相结合,探讨运动员眼动注视观察过程中内部心理活动的内容与过程,研究的指标将更加全面,研究也将更加深入(李京诚等,2006)。

要想更详细而全面了解运动中视觉信息加工的具体过程,要使运动中视觉搜索研究更有价值,未来必须进一步开展与运动情境相结合的实证性研究,将来的研究不应集中于对于眼动数据的简单分析上,而应关注操作过程中的视觉搜寻和加工策略,实验情境越接近实际任务,熟练者比新手完成的就越好。所以,研究者现在正朝着更为生态而有效的实证性测验方向发展,已经在考虑把认知方法与生态原则进行有机的结合研究。

已有研究将持续凝视时间(Quietery Duration)和眨眼次数(Number of Eye Blinks)作为探测认知过程的主要指标进行考察。如 Williams 等人(2002)利用眼睛追踪系统(Eye-Tracking System),在近距离、远距离两种射击任务下,对12名高技能水平与12名低技能水平台球运动员的持续凝视时间、技能水平与任务难度三者之间的关系进行了考察,整个研究分两部分:研究1中设置了不同的射球难度,结果表明在准备阶段,高技能水平运动员比低水平运动员更长时间地注视目标,随难度增加,两组运动员的持续凝视时间都有所延长;研究2中限制了不同的射球时间,结果是不论运动员水平高低,注视时间越短则射球成绩越差。最后 Williams 等人指出,在进行瞄准反应时持续凝视时间是动作执行中一个关键的时段(张忠秋等,2006)。Behan, Michael, Wilson, Mark(2008)的研究和预期的一样,静眼注视时间的长短影响射箭的效果,静眼注视时间越长,射箭效果也越好。焦虑行为的调控影响着静眼注视时间的长短。研究结果表明,静眼注视时间和焦虑的上升有直接关联。静眼注视时间可能是瞄准任务中一个有效的视觉指向性因素之一（状态焦虑和视觉注意：静眼注视时间在远目标瞄准任务中的作用）。事实上，静眼注视也是一个运动认知心理学领域很有意思的研究角度，这也是运动心理学家独特的研究视角，和专项运动情境信息的选取和认知加工有着密切联系。

我们可以看到，运动认知心理学中的眼动研究一般采用专家—新手范式，从信息加工的基本理论出发，从视觉搜索、搜寻、选择注意的角度来了解被试的眼动特征，其主要数据指标，第一是包括注视次数、注视轨迹等眼动具体指标，第二是运动绩效的行为特征指标，具体指反应速度、正确率等。在运动领域中的多数研究都发现专家与新手在信息加工水平上表现出差异，专家组展现出更有效的视觉搜索策略。目前发展趋势是综合各项指标的特征进行评定，将眼动特征的外部观测指标和快速反应情境中的内部决策特点进行很好地结合，从内部和外部两个方面来综合探讨体育运动中认知加工的眼动模式，将会使得运动认知心理学的研究更为深入而全面。

1.3.2 运动心理学眼动研究现状

体育运动过程中，视觉信息的提取是其基本的心理支持，而视觉信息提取的不同模式可能反映了高水平运动员与一般水平运动员或新手之间运动能力的差异性。所以，记录不同水平运动员在运动训练或比赛过程中的眼动模式，有利于提供对新手进行有效训练的模式和策略。有些体育运动项目，如球类运动、拳击、击剑，甚至高尔夫球运动都可以采用眼动仪进行研究，研究大多集中在开放型运动技能类项目，只有少数在封闭型运动技能项目中。

Bard 和 Fleury(1976)在一项关于篮球的试验研究中，用幻灯机呈现典型的篮球比赛中的一个进攻场景。结果发现：专家比新手注视次数少，决策反应时短；视觉搜索并不是穷尽赛场上的所有刺激,而是倾向于选择特定的信息,一旦自己认为获得了足够的信息,就马上做出反应。专家倾向反复成对地注视进攻—防守队员,新手则不注视防守队员,而只注视自己的同伴队员;专家对持球者和球篮之间的空当注视较多,而新手则忽略这一特殊线索(阎国利、白学军,1997)。

  Vikers(1996)研究了加拿大女子篮球运动员从准备投球到完成投球动作过程中的眼动记录情况。研究发现,优秀选手(在刚结束的一个赛季中,平均投篮的命中率为75%)会更长时间地注视篮板和篮筐,这种情况在球刚出手前表现更加典型。优秀队员注视篮板和篮筐时间的长短和投球的命中率呈正比。他们命中时的平均注视时间为1.4秒,而未命中时的注视时间却少0.2秒,而比较优秀的选手(在刚结束的一个赛季中,平均投篮的命中率为45%)情况却正好相反。Vikers认为,此研究结果可以解释为什么比较优秀选手达不到优秀选手的投篮命中率,就是因为无论命中与否,他们在球出手之前没有充分的时间集中注意于有关的信息(张忠秋,2006)。Oudejans采用单组被试不同任务情景的方式研究高水平组篮球队员的眼动特征,通过阻挡篮球队员投球前不同时间分成四组,包括完全遮挡、完全不遮挡、早期遮挡和晚期遮挡,在四种状态下投篮,研究发现篮球队员在投篮时对早期视觉信息的依赖更多,在投球出手前一刻对视觉信息依赖很少。

  Ripoll等(1993)在对拳击运动员眼动研究中发现:(1)被注视次数较多的身体部位大都是总注视时间和平均较长的部位。(2)注视模式和被试的专业水平密切相关,每组被试都有自己认为重要的视觉线索,他们都有不同的注视模式。(3)专家组的注视模式与其他两组被试相比,有着比较经济的注视特点,如注视次数少等。(4)专家在注视时,常常在被他们认为重要的几个部位之间反复注视,形成一个环形的注视模式,即在身体重要部位之间反复循环注视,而新手组注视时则是一种线性注视模式,没有形成一个环形的注视模式(席洁等,2004)。

Bard,Guezenec&Papin 等(1980)对击剑运动员的视觉搜索策略进行了研究,结果表明专家和新手的注视交换矩阵集中在护手盘处,多数眼跳也集中在附近的区域。Poulton 在 1957 年提出了知觉预测(Perceptive Prediction)的概念,他认为在某些情况下,运动成绩将取决于对不完整信息(Partial Information)或先行信息(Advance Cues)的加工过程。例如,为了使自己的动作能防住飞来的冰球,冰球守门员必须对攻方运动员的位置进行估计和判断,也许他不得不依靠不完整的信息进行判断,甚至利用统计推断来估计和判断射门的可能性。

Rayne(1978)对国际象棋选手的眼动研究中发现,专业选手通常会成对地注视与进攻或防守有关的棋子。Mockel 和 Heemsoth(1984)在研究铅球运动员的眼动特点时,发现运动水平越高,其运动表现越优秀,均证实了有效信息的注视能够帮助运动员获得更高的绩效。

Petrakis(1996)通过研究不同级别网球教练员眼动特征发现:(1)在观看同一实验视频时,同一动作上低级别裁判注视时间明显长于高级别裁判;(2)在观看正手击球的实验视频时,高级别裁判关注运动员胸部和腰部的动作次数较多,而低级别裁判则更注重观察视频中运动员的头部、肩部;(3)在观看发球视频时,高级别组观察重点区域集中在视频中运动员的头部、肩部和球拍,低级别裁判员则把观察重点放在了运动员的头部和球拍;(4)高级别裁判注视轨迹更简洁。

Kato 和 Fukuda(2002)研究了 9 名专业棒球手在观看投球手不同类型球时的眼动情况。分析击球手的眼动分布情况发现,击球手主要是看发球手的肘、肩和头,他们的注意力主要集中在肘部,击球手将他们视网膜中央窝视力指向肘部,把它作为一个支点来计算或评价球的释放点。同时,周围视觉注意是整个手臂的运动和球最初的运动轨迹。Bard 等(1994)对边缘视觉对运动中信息加工的影响做了归纳,得出单凭边缘视觉的信息加工不足以解释运动情境中的表现,但不能排除边缘视觉对全视觉的支持作用,优秀运动员都表现出能更有效地利用先行视觉信息来进行知觉预测。

Helsen 和 Pauwels(1990)研究了有经验的和无经验的足球男选手的视觉搜索策略。眼动记录发现,有经验的队员完成认知任务的时间更短,他们之所以具有时间上的优势,是因为他们在进行视觉搜索时注意的对象更少,在每个对象上的注视时间更短。高水平组在传球前注视更多的是后卫防守队员和空当,而新手组的注视集中于进攻队员和球上。实验证明,在搜索模式上高水平组确实要比新手组更为简洁、有效。Williams 等人(1994)发现,有经验的足球选手和没有经验的足球选手看的环境特征不同,所作出的决定也就不一样。基于对被试观看一场足球比赛时的眼动特征记录分析,研究者发现有经验的选手更多的注意其他球员的位置、球及控球选手,而没有经验的选手注意主要是球及控球选手。

Williams 和 Davids(1998)对不同经验足球选手的视觉注意和视觉搜索策略进行了更为综合的眼动特征研究,专家运动员能使用丰富的知识来控制眼动模式,他们知道从特定的环境特征中获得相关信息,这种知识对寻找和提取重要信息资源是重要的。专家运动员会在不同比赛情景下,如小型对抗(如 1 人对 3 人、3 人对 3 人)和大型比赛(11 人对 11 人)时,使用不同的搜索策略,这表明不同情境的比赛对所使用的搜索类型有重要的影响。在复杂的需要快速反应的运动情景中,眼动记录、空间定格和口语报告等方法能更全面地分析被试的选择视觉注意。Tyldesley 等记录了被试在观看踢球时的快速眼动信息,数据分析表明,熟练者的观察行为比初学者更趋有用性和稳定性,第一眼注视于臀部的比率高达 60%,而注视于腿、脚和球的比率仅为 30%,其次是注意于肩部位置。寻求策略始于身体的下部,逐步移向上体。

Geer 等人运用独特方法对足球罚球技术进行了眼动分析,他们采用 4000SU 眼动仪了解被试的视觉搜索情况。研究表明:(1)通常专家守门员预测罚球方向时更准确。(2)专家守门员使用了更有效的视觉策略。新手花费更长的注视在罚球队员躯干、手臂和臀部,而专家注视罚球队员腿部(罚球腿和非罚球腿)和球这些信息量大的区域,特别是脚将要接触足球的时候。(3)两组被试在观看成功的和不成功的罚球场景时,在视觉搜索行为方面没有差异(席洁等,2004)。

Sergio(2002)对正手击球的乒乓球运动员的头部、眼睛以及手臂的运动情况通过眼动分析进行了研究,16个成年自愿者参与实验,将他们分为经验丰富的专家组和缺乏经验的新手组,专家组平均年龄27.9岁,新手组平均年龄26.6岁,被试的对手是一个经验丰富的乒乓球运动员,他每次以同样的速度和方向给被试发球,然后要求被试在三种情况下将球击回到发球人球案的左方或右方区域。研究表明,在前线索和初期线索的条件下,当球还在空中时新手和专家都能较好的追踪到球,在球和球拍接触前,把自我的注视点保持在球之前某一个固定位置。新手比专家较晚地追踪到球,记录结果也要差。

Williams 和 Abernethy(2005)等人研究乒乓球运动员的眼动特征,发现:高水平组在判断球落点时准确率显著高于新手组,高水平组对球的首次注视时间明显早于新手组,也就是说高水平组在观察过程中比新手组更快地发现球并做出反应;乒乓球运动员在判断球落点的时间不在球拍接触球之后而是在球拍接触球之前 75~165ms。

Savelsbergh 等人(2002)研究发现高水平足球守门员使用了更高效的搜索策略,表现为注视时间更长,注视点更少,以便分配在更少的视觉区域内;新手则在躯干、手臂和臀部花费较长的注视时间,而专家们发现了踢腿、非踢腿和球的区域有更多的信息,尤其是在接触球的瞬间。

Martell(2004)等人采用"专家—新手"范式对冰球守门员防守中的眼动情况进行了研究,得出专家级守门员在防守中,更多地关注在进攻队员的球杆上,而新手的注视点较为分散;专家级守门员对球路的预判准确率更高。

Vickers(1997)对排球运动员接发球动作的眼动追踪过程进行了研究,研究发现,专家视觉追踪球的时间较早,追踪的持续时间较长,视觉回视次数较少,在垫球过程中眼球注视前面的频率较高。研究还发现,在追踪球的第一步注视到完成动作的过程中,专家拥有独特的静眼注视,他们静静地站立,在开始行动前追踪球。而新手们并没有静眼注视,在球发出来时已经开始移动,或者是追踪球的时候开始行动。研究的结果讨论到视觉注意的选择性和优秀运动表现等方面。

Abernethy(2007)等人研究羽毛球运动员眼动特征后发现:高水平组在判断发球落点时准确率明显高于新手组,且高水平组判断时间明显少于新手组。

Seungha Park(2008)研究排球运动员眼动特征后发现:在判断运动员扣球线路和类型时,高水平组注视点集中于扣球队员的肩部、手臂和腰部;新手组注视区域集中于扣球队员的头部和手臂。Piras A 等人(2010)通过对排球运动员和非运动员观看发球视频时运动员和非运动员眼动数据进行比较分析发现,专业运动员关注更多的是球的飞行轨迹,然后才是对发球人手臂的关注;而非运动员则是花费了更多时间去关注发球人的手臂动作,几乎没有去关注球的运行轨迹。说明专业运动员因为在发球技术上比非专业运动员更为了解,所以在关于发球信息的采集和处理上,更容易收集到有用的信息。

Lee S M(2010)把从排球比赛录像中截取的发球视频按时间分成两部分,让专业运动员和业余运动员来观看。第一部分是球腾空阶段,第二部分是击球人击球后球的飞行阶段。通过观察发现在球腾空阶段,专业运动员更多注视的是击球人的肩膀和手臂的动作;业余运动员关注重点集中于手臂和球上。在发球人击球后,专业运动员在球的飞行阶段能更快地判断出球的飞行轨迹及落点位置;业余运动员在判断速度上要明显落后于专业运动员。

Uchida Y(2013)等人使用兰多尔特 c 圆环的测试方法测量了棒球运动员和普通人关于眼睛运动和视觉搜索能力,发现棒球运动员在快速搜索快速移动的目标的能力上要远远好于普通人。但是棒球运动员在视网膜上区分移动目标与其他非目标的能力和非运动员的能力是没有差异的。棒球运动员之所以有更好地对快速移动目标的搜索能力主要是因为训练获得的。

综上所述，国外研究者们关于体育心理学领域运动员眼动特征方面的研究范围比较广，研究范围囊括了裁判员、教练员和运动员等多个职业，探讨不同水平运动员视觉搜索模式的差异，这些研究多数认为高水平运动员的视觉搜索模式更为规律、经济、有效。国外学者虽然也有人采用加入中间组的研究模式，但通常采用的还是"专家—新手"两级模式的研究方法。研究涉及包括球类、田径、体操、拳击、自行车等多项运动，但是研究多是在对运动员眼动现象进行了描述和分析，在心理方面涉及的不够深入（时冰龙，2015）。

相关的国内研究近十几年开始增多。张忠秋（1999）对于自行车运动员的图片眼动特征研究中发现，在实验条件下，专项骑行技术动作知识的多少明显影响被试对骑行技术动作的判断过程。专家组的注视时间较长，对于技术动作注视次数少，说明他们的认知加工过程更为细致。专家的注视轨迹更集中紧凑，说明他们的信息加工更有效。

张运亮等人（2004）对于篮球后卫运动员的眼动特征表明，运动员应该积极通过视觉搜索，在众多无关信息和有关信息中找出有价值的视觉信息，进而做出下一步的选择。视觉搜索的过程就是通过注视图片的各个部位，搜索出有价值信息的过程。因此篮球后卫运动员能否做出正确的球处理方式，观察到有效的信息区域即运动员的有效注视部位是关键。实验结果显示，高水平后卫将注视主要放在同伴队员和对方防守空当上，而新手组的注意力集中在防守队员和明显的防守漏洞上。

闫苍松（2007）对环境主导型项目运动员和普通大学生的眼动特征进行了对比，发现运动员在信息加工和视觉搜索模式上与普通大学生有本质的差异，环境主导型项目运动员有着独特的眼动模式。

张森(2007)对青少年棒球击球手的眼动特征进行了实验研究,考察了运动水平、投球手和球运行轨迹等因素以及青少年棒球击球手眼动特征的影响,发现专业组对"球出手附近"的注视时间和次数明显多于非专业组,在投手掷球前挥舞手臂期间,专业组队员始终注视着球的出手点或附近,说明他们对球出手的动作有一个动作预期和选择判断的行为过程。被试者的运动水平是影响其在各个注视位置上注视时间和次数的主要因素。被试的运动水平和其在各个位置上的注视时间呈正相关,而与注视次数呈负相关。

王明辉等人(2007)对不同水平篮球运动员运动决策准确性和速度进行了相关研究,同时还分析了篮球运动员运动决策过程中眼动特征的差异,研究表明,不同水平的篮球运动员在注视不同难度的场景图片时,在注视时间、注视次数、眼跳距离等方面都存在差异。专家的注视模式更为合理有效,不同水平篮球运动员运动决策差异的实质是专项运动知识—专项认知能力—手眼动作联合三者整合的差异。

张晓刚(2008):以10名专业足球守门员和10名大学生足球守门员为被试,以防守点球为运动情境片段,对专业守门员的眼动特征进行实验性研究,实验结果表明,专业守门员采用了相对合理的视觉搜索策略,注视点集中,注视分配主次明显,注视轨迹简单、实用,信息实效性更强,罚球运动员的支撑脚、摆动腿、脚触球是决定射门方向的主要观察点。运动水平和临场经验对准确做出防守决策至关重要,运动水平越高,临场经验越丰富,防守决策准确率越高。

段宇昉(2008)发现,乒乓球专家组被试对攻球线路的判断准确率高于新手组,而反应时间在统计上没有明显差异。专家组被试更专注与攻球动作直接相关的位置信息。专家组被试更多的关注对手的胸(肩)部、手腕和球拍部位。专家比新手能够搜索到更多有效的视觉信息。

王丽岩(2009)对优秀乒乓球运动员的视觉搜索特征进行眼动研究,研究发现,在不同的刺激呈现条件下,专家和新手乒乓球运动员的视觉搜索特征存在明显差异;专业运动员采用了相对合理的搜索模式,注视时间越短、注视次数越少、眼跳距离越小,注视分配和注视轨迹比较简单、集中。

赵用强(2009)应用 EyeLink II 眼动仪对中小学生专业网球运动员与普通网球爱好者判断网球落点图片的眼动特征进行比较,结果发现,运动水平越高,他们的决策速度越快,准确性越高。随着年龄增长,运动员的决策准确性也增强,注视次数、注视时间、眼跳距离等眼动指标会明显提高,更能快速、准确有效注视到网球信息。

张帆(2009)以实验法对被试羽毛球杀球线路的选择判断反应时、准确率与眼动特征进行了测试与分析,专业组被试更多的关注对手肩胸、手臂等与攻球动作直接相关的部位且注视这几个部位的时间较非专业组长,专业组被试对所有类型录像杀球线路判断的准确率明显高于非专业组被试。专业组被试比非专业组被试能够搜索到更多的有效信息。

闫苍松、刘万伦(2009)研究开放式技能与封闭式技能运动员在分心刺激新异程度(颜色变化)条件下的眼动特征。开放式技能与封闭式技能运动员相比,在反应时和正确率上存在明显的差异,注视时间短。注视次数更少,大幅度眼跳和很少回视。研究认为,不同类型运动项目的信息加工特征并不一致,整体来看,封闭式技能运动员和开放式技能运动员相比,他们的视觉搜索能力存在一定的差距。

刘翠娟(2010)对散打运动员视觉搜索中眼动特征进行研究,专家组与新手组观察动作时,专家组观察信息区的注视次数明显比新手组多,注视时间比新手组长,对信息区的注视频率多,专家组的观察行为更趋建设性和一致性。

徐璐(2010)对乒乓球运动员决策过程的认知加工进行了研究,研究发现,与大学生相比,乒乓球运动员的眼动具有首末注视点早、注视次数少、注视时间短、眼跳距离小、注视频率高的特点，且视觉搜索模式为环形，注视点相对集中分布于球拍、发球运动员的持拍手臂以及躯干部位，而大学生注视点分布散乱无规律。运动员决策加工具有时效性优势，表现为更高的判断准确率和更快的反应速度。研究认为，运动员的运动信息知觉过程，是一个模式识别的过程，在这一过程中特征匹配起着重要的作用。决策过程是基于对运动信息进行认知加工的结果，可以概括为提取特异性特征→激活相关模式→搜寻关键特征→模式识别→做出决策→运动输出。

刘小芹(2011)通过研究不同水平乒乓球运动员在判断发球旋转与落点时的眼动特征，以及对发球不同时间截取段视频的反应时与正确率和判断发球旋转与落点中在不同的动作环节时注视点、注视时间等方面进行了研究，发现在对发球旋转的预期判断上，专业运动员组和业余组在选择反应时间上没有显著差别，但在落点判断上专业组比业余组能更为迅速地判断。

肖坤鹏和孙建华(2011)将眼动记录技术与时间阻断范式相结合，研究排球运动员接发球过程中视觉搜索特征。发现不同水平排球运动员接发球过程中眼动特征存在显著差异。高水平组排球运动员能够根据不同运动情景的任务要求迅速切换视觉搜索模式：在接发球的开始阶段使用注视次数少、眼跳距离小、注视持续时间长、注视轨迹集中的搜索模式；在后期采用注视次数多、眼跳距离大、注视持续时间短、注视轨迹分散的搜索模式。对发球落点进行预判的过程中，高水平组排球运动员反应时和准确性指标上与一般和低水平组运动员相比具有明显的优势。

刘运洲(2012)探讨优秀排球运动员防守时的预判特征，以播放扣球视频为材料，采用眼动记录技术对防守运动员的预判过程进行测量与分析。研究表明，优秀排球运动员应做到：1)反应速度快，准确率高。2)注视数量少，眼跳距离大。3)除了将扣球运动员作为主要信息源外，还将二传运动员作为重要的信息源。4)扣球运动员的手臂和上体是主要的注视区域。研究得出结论,优秀排球运动员预判时具有一定的视觉信息加工优势。

高觉书(2012)研究羽毛球运动员和普通大学生观看视频时眼动指标,发现:在对羽毛球落点的判断上,羽毛球运动员判断正确率与普通大学生相比有显著性差异;选择反应时间未出现明显差异。不同运动水平之间,其眼动特征有显著区别,专业组更多地关注对手的手腕、手臂和胸(肩部)、头部,而新手组更多地关注球、球拍、体外和腿部。

梁祎明、张忠秋(2012)考察了被试表象跳水动作过程中的眼动特征,尝试构建运动表象效果最佳时的眼动行为模式,并将该模式应用于表象训练,证明了眼动行为训练可以提高运动表象的效果。

支二林和张文才(2014)研究不同水平运动员观看不同阶段扣球图片的眼动特征,发现在判断落点上,高水平运动员正确率要显著高于低水平运动员;在击球准备期,高水平运动员的注视点个数比低水平运动员多,且差异显著;其余各项眼动指标也都有较大差异;高水平运动员对信息的搜集和决策能力优于低水平运动员。

付全(2014)考察了篮球运动员在不同视野范围内和有无线索条件下的视觉搜索优势及眼动特征,结果发现,专业组篮球运动员在完成视觉搜索任务时,在正确率较高的基础上具有明显的速度优势,这种优势并非无条件地表现在中央视野或外周视野,而只在有线索提示的情况下才表现出来。外周视野受线索影响显著,有线索时被试搜索速度增加明显;在有线索条件下,专业组篮球运动员的注视点个数显著少于新手,平均注视时间长于新手,眼跳速度较快,眼跳幅度大。研究认为,专业组篮球运动员的视觉搜索优势主要体现在对线索的利用能力以及在外周视野搜索过程上的眼动优势。

陶萍(2014)以不同等级网球选手为研究对象,记录被试在多拍回合中判断击球线路和落点时的视觉搜索特征。结果表明,不同水平网球选手的视觉搜索策略存在差异,高水平网球运动员对关键兴趣区的注视持续时间长,注视点稳定,关注的重点区域是对手下肢运动趋势,不同的任务目标会导致被试有不同的视觉搜索策略。

杨绿等人(2015)采用德制 iView X HED4 头戴式眼动仪,对有无棒球训练的儿童进行比较分析,发现视觉落点偏移值均与击球成功率呈现显著负相关($p<0.01$),棒球组儿童的视觉落点偏移值显著小于一般组($p<0.05$),他们的视觉注意控制要强于其他儿童,存在有特殊的眼动特异性。

梁祎明(2014)利用眼动分析技术和事件相关电位分析技术对跳水运动表象和时空知觉的信息加工特征及其神经机制进行了探讨,在跳水运动表象中,高水平运动员比普通人的注视次数少,注视点持续长,眼跳距离大,瞳孔直径小。高水平运动员时空知觉能力的优势与其从事的运动项目有关,支持了经验说。高水平运动员视觉表象的眼动轨迹跟随实际的动作轨迹,注视点主要保持在实际的动作轨迹范围内,较少改变注视点,延长每个注视点的持续时间,使注视更连贯,表象阶段的眼动模式仿照知觉阶段的眼动模式。

王新星(2015)采用模拟眼动实验和问卷调查自我反馈的方法,探讨不同体育赛事直播模式下受众群体的生理体验,旨在提高受众对体育赛事的关注度和忠诚度,并对赛事直播运营方在广告投放、成本运营、节目设计方面提供参考依据。研究选用注视点、平均注视时间、注视次数、瞳孔直径大小、注视轨迹等几个常用眼动指标,不同的直播媒体公司、不同项目之间及观赛者对比赛的熟悉程度等都影响着观赛者的眼动注视情况。

范萍羽(2015)对大学生在观看明星代言广告过程的眼动特征进行研究,研究发现,体育明星代言的广告无论是从注视次数还是注视时间上,都明显高于非体育明星代言的广告,体育明星广告代言的图片位置不同,对广告效果有不同的影响。体育明星代言的图片左侧的注视次数和注视时间明显高于右侧。

时冷龙(2015)对排球运动员的眼动特征进行研究,发现高水平运动员对发球、接发球动作结构认知程度高于低水平运动员，他们的判断正确率高，选择反应时短，高水平运动员注视点少，眼跳距离小，信息缺失情况下，高水平运动员受影响最低，一般水平组和新手组受影响较大。

阮浩轩（2015）对不同水平层次篮球裁判员之间对关键区域的注视次数、注视时间、注视轨迹等眼动特征进行比较分析，研究发现，高水平组的被试的判断正确率最高，按键反应时最快，对特定兴趣区的注视次数、注视时间更集中，注视范围更广泛。

谷沛嫱（2015）利用眼动仪对篮球运动员情境信息加工的方式及其认知机制进行了研究，发现篮球专项运动员有更加快速的视觉搜索和信息加工的能力，他们对情景任务进行信息加工和决策时更依赖整体线索，而非篮球专项运动员更依赖观察到的具体信息从而进行决策。

胡月（2015）对攀岩运动员在攀爬路线分析过程中的行为特征以及其眼动特征进行分析，研究发现，专家组通过观察路线对搜索的信息进行更好的认知加工，攀爬计划更合理，动作有效性较好，攀爬时间短、效率高。在关键的第二区域（难点）和第三区域（终点），专家组表现出注视时间长、注视次数少的特点，说明专家组运动员在关键区进行了深度信息加工。

蒋波和章菁华对2009年以前国内眼动研究文献进行统计学分析后建议，如果研究中采用组内纵向比较，即同等水平运动员在进行不同条件的干预训练之后与训练之前的眼动指标数据进行比较，对高水平组或低水平组视觉搜索模式的形成与发展进行深入研究，可能会有更多的发现。

刘清梅（2015）对我国运动员眼动文献资料（2000—2014）进行了计量分析，研究发现，目前我国的研究对象较少，研究领域较窄，没有形成稳定而持续的眼动团队，研究并没有在运动员选拔过程中运动眼动分析技术，且生态学效度不高，综合性研究匮乏。

可以看到，国内眼动研究相对国外来说起步较晚，基础理论不够完善，但近些年来相关的研究成果不断增加，研究内容不断丰富。目前，大部分研究主要集中于对运动员眼动特征的研究，涉及运动项目虽然较为广泛，但研究不够深入，且各个研究者所使用的仪器不同，多采用图片和录像解析方法，研究对象层次划分不够明确。

国内外运动心理的眼动研究发展迅速，涌现出了很多不同项目、不同研究设计的优秀成果，对丰富运动心理学研究提供了很好的帮助，但却也缺乏一定的理论支撑。即使对已有的成果分析，也只是进行了初步的论述，尚没有发现共同的规律，更没有提出解释和预测运动情境中运动员眼动特点与动作决策相关关系的认知加工模式。目前的研究也大多集中于对不同项目的优秀运动员的眼动特征的描述性研究上，只能得出运动员在视觉搜索模式的示意图等定性的描述性结论，不能进一步深入探讨优秀运动员的认知加工机制问题(谷沛嫱，2015)。

另外，研究结论并不一致，例如对于专家和新手之间在注视次数、注视持续时间长短方面是否存在显著差异，存在着不同的研究结果，也有不同的分析讨论角度。我们分析认为，这可能和认知任务的要求、项目特征和对于无关变量的控制等方面有直接关系。运动心理学的眼动研究虽然很多，但其理论模型等方面还十分欠缺，加强该领域的理论建设是今后急需解决的问题。

1.3.3 运动心理学中眼动研究的特点

整理相关的文献资料，我们得出目前国内外运动心理学的眼动研究存在以下特点。

第一，以运动员、裁判员或教练员的眼动特征为主要研究内容。查阅相关文献后发现，体育运动心理学领域的眼动研究一般以运动员、教练员、裁判员的视觉搜索策略作为研究的主要课题，快速、准确的观察、判断和反应，是很多体育运动项目，尤其是大多数直接对抗性的开放型项目的主要特征。体育运动的眼动研究就是通过记录和分析运动员注视比赛情境的眼动特点，尤其是优秀运动员的视觉搜索策略和模式,进而更有效指导年轻运动员在复杂多变的运动情境中做出快速、准确的决策和反应。眼动仪对优秀运动员的研究内容主要集中在视觉搜索特点和模式上。

教练员、裁判员作为竞技体育的一部分,也是学者们的研究对象。教练员和体育教师为练习者做出准确反馈的前提是能够观察到运动员完成动作的特点和不足,对教练员注视练习者技术动作完成过程中眼动特点的研究成为体育运动眼动的第二主题(Petrakis,1993)。通过记录、分析比较不同水平教练员在观看技术动作时的眼动信息,能够较好地获得他们视觉搜索的特征,形成有效的教练注视模型,并以此来提高教练员的观察和指导水平。

王子涵(2015)采用专家—新手范式了解不同经验的体育教师对于学生体育课堂危险行为的注意差异,研究采用质化和量化相结合的方式,一方面采用质性分析方法对体育课堂的危险行为进行分析,另一方面让教师观看前滚翻视频,对他们的眼动数据进行分析。研究表明,新手组的首次注视时间较长,注视次数较多,他们需要更多的注视时间来发现可能引发危险行为的动作。

准确、客观是裁判员做出判罚的基本要求,"看得准"是"判得准"的条件,裁判员注视运动员技术动作完成过程中的眼动特点也成为体育运动眼动研究的第三个主题(Bard,1980)。通过对不同等级裁判员注视运动员完成技术动作时眼动特点的记录和分析,获得他们视觉注视的变化规律,为体育运动裁判员判罚准确性和客观性的提高提供研究依据。经过对专家级教练和新教练的眼运动相关记录的分析,获知了他们在视觉搜寻上的特点,就能以此建构起教练关注的模式,最终借此将教练的观察能力和指导水准提升。

Petrakis(1993)选用六个新手教练(不具备相关经验)和六名专家(平均具有 11 年的教龄),在距离发球者 4 米以上的位置上,在现场对记录下正手的击球动作五次和发球动作六次,通过眼动仪来对网球教练观察网球运动员的比赛时所产生的眼运动进行分析,发现两点重要内容:其一,在观察正反两手击球的不同动作时,从数量上来说并不存在显著的不同;另一方面,在对正反手击球与发球动作进行观察时,在注视位置上,这两组就会显示出很大的不同。Petrakis还做了一项实验,通过测试体操运动员表演平衡木项目,记录裁判员的眼动特点,通过总结得到以下几个结论:1)新手组与专业组对运动员的注视部位不太一样,新手组偏向于注视运动员的腿部,而专业组更偏向于运动员的身体上部,如头肩部;2)在观看体操录像时,新手组和专业组的注视次数是大致相同的;3)新手组和专业组被试的注视次数与运动员表演项目有关,不同的运动类型,裁判员的注视次数是不同的;4)运动员做自选动作与规定动作相比,自选动作更能吸引裁判员的眼球,注视次数明显较多,这一点不仅适用于新手组,同样也适用于专业组。

第二,专家—新手范式是体育运动眼动研究的主要范式。运动心理学中的眼动研究中,大多采用专家—新手范式(Expert-Novice Paradigm)。典型的专家—新手范式是将某一运动项目的一个或者多个专家在某种行为样本或心理特征上的表现与该领域的新手进行对比,比较不同被试之间各指标的差异,从数据结果中展开分析讨论。这种研究范式的基本假设是专家在技能和行为表现上的优势源于其心理上的优势,也就是说专家具备新手不具有的某些心理特质,这是解释他们之所以比新手优秀的原因,通过考察新手和专家之间在注视次数、注视持续时间和扫描轨迹等眼动指标之间的差异,有利于找到一种高效、实用的注视模式,对于培养和提高新手的业务水平具有重要的实际意义。事实上,专家和新手之间的对比有时太过于明显,越来越多的研究在两组被试之间加入一组介于专家和新手之间的被试,实验对象被分为三组,专家、一般、新手组,以便于研究更为科学严谨。

相关的研究中曾有研究者采用单组被试作为眼动实验研究,即只有专家被试组而不设新手被试组。虽然这样的研究缺少比较,不符合控制内部效度的一般原则,但其结果对于得出关于运动员眼动特点的深层次机制理论的初步描述和推测是有参考价值的(胡月,2015)。

第三,多以真实的运动情景或模拟场景作为实验刺激材料。近些年来,学者们普遍选取比赛录像或者比赛场地作为被试们的刺激信息之一,将准备研究的运动场景拍摄或剪辑材料准备完善,实验中通过播放幻灯图片、录像、电影等方式呈现给被试,由被试观看,根据实验要求被安排边观看边做出决策反应。实验中的运动场景一般为直接或隔网对抗性运动项目中的情境,少数为非对抗性运动项目,大多数是单个运动技术动作,少数为比赛场景。开放型项目实验对象较多,闭合型项目较少。

第四,多重眼动特征指标被综合运用于眼动研究当中。随着眼动研究日新月异的发展,近些年来,例如反应时、预判、运动绩效等认知活动指标已经被眼动研究所吸纳,这样可以丰富现有眼动实验的内容,也为体育领域与心理学领域的结合做出了贡献。将经典的行为实验范式、口语报告、眼动追踪和认知神经科学的研究手段相结合,探索运动员的认知过程,这是今后的发展趋势。

冯琰(2015)采用专家—新手研究范式,以认知神经科学为线索,借助眼动与事件相关电位(ERP)同步采集技术,测量和比较静态比赛图片情境下不同等级击剑运动员进行技术动作预判的反应时、准确率、眼动特征及所诱发的 ERP 成分的差异,研究静态运动情境下击剑专家进行技术动作预判的行为、眼动及脑神经活动的优势特征,从而揭示击剑专家视知觉预判的可能优势机制。研究结果表明,击剑专家的技术预判过程具有视觉搜索效率高、注视时间短、预判准确性高、识别速度快、动用的心理能量或占用的心理运算资源少等特点,其可能的预判优势机制为脑区激活时间进程短、脑神经活动水平低。

1.3.4 运动心理学中眼动研究的优势和不足

有关研究者(闫国利,席洁,李京诚等)根据现有的运动心理学眼动研究现状,总结了几大特点和发展趋势,具体整理如下。

(1)运动心理学领域眼动研究繁荣时期即将来临。随着眼动记录技术与计算机技术的不断发展变化,眼动仪的精确性有了显著改善,生态学效度提高,其造价成本也降低,新的先进眼动仪不断涌现,这为运动心理学的眼动研究带来了极大的便利,同时认知心理学的眼动理论也在不断深入,出现很多不同的研究热点,这一切都吸引着越来越多的运动心理学家和认知心理学家积极参与,也表明运动心理学领域眼动研究的繁荣阶段即将呈现。

(2)建立初步的眼动理论模型。截至目前,能解释和预测运动员信息加工过程的眼动理论模型并没有出现,阅读过程的眼动理论模型并适合于运动认知心理学领域,相信随着相关研究的不断深入,会有更多的专家学者对运动认知加工过程的眼动理论模型建设进行更好的探索尝试。

(3)采用眼动记录法提高了研究的生态学效度,即研究的外部效度。眼动实验尽力使实验情境与真实情境更加接近,获得的实验结果更具有实际意义。有利于了解运动员在比赛过程中每一时刻的视觉活动情况,一方面,有利于运动员赛后获得准确的信息反馈,提高运动水平;另一方面,有利于教练员有的放矢地对运动员进行指导。眼动记录方法可以获得运动员在运动过程中每一时刻的视觉信息,这种信息是其他研究方法所不能获得的。

事实上,眼动研究在体育运动中具有一定的局限性,眼动记录法仍受到一些质疑。根据与相关研究者进行交流访谈,同时查阅大量的文献资料,以及在具体实验中的亲身体会,我们总结出以下几点不足之处。

第一,注视点和扫描轨迹不一定等同于信息搜索过程,注视(Looking)不等于看到(Seeing),Seeing 是一种积极的信息选择与加工状态(Williams 等,1998)。注视点的位置是被试感兴趣的区域,然而注视次数和注视时间说明被试信息加工的数量指标,可以认为这些指标反映了潜在的搜索策略,被试采用这些搜索策略从呈现的图像中提取出有意义的信息，但也存在一定的局限性，注视和信息提取（注视一个区域而以近窝区或视外围从其他地方提取信息）并不等同，用眼动仪测得的注视点也许并不是运动员思考与决策时刚好注视的位置，高水平运动员的信息采集不一定通过中央视觉获得，运动员眼睛的侧面视野信息可能同样就有重要参考价值，但却未得到测量（李今亮，2005）。人可能在没有提取信息的情况下注视于运动情境中的目标物体，也可以注意于某一区域而无需眼睛直接转向注视点，也就是说，被试可以通过外周信息来注视目标物体。即便现在的眼动记录技术能完全解释中央视区的寻求路径，眼动记录技术可能还存在低估被试实际寻求内容的现象。这些局限性让研究者有必要考虑使用更有效的信息提取观察方法，如口语报告分析或使用实验干预，以及呈现信息的回收（Williams，Janelle & Davids，2004）。

第二，研究范式比较单一。目前，已有的研究多采用专家—新手范式，个别研究在专家和新手范式之间增加了一个中间组，而其他设计几乎没有，缺乏深入而全面的研究系统性。专家—新手范式属于组间横向比较与分析，其结果是描述性的，难以获得眼动机制和干预效果的研究结论。如若采用组间纵向干预性研究设计，对专家层面的注视风格或新手眼动特征，以及视觉搜索的行程和发展进行深入研究，可能会产生更多的新成果。另外，目前大部分研究仅是测量了专家与新手之间的不同，而没有阐明和分析影响专家表现的中介影响因素，为有效获取在运动中的知觉—认知专门技能，详尽描述潜在的知觉—认知过程结构，我们需要应用一系列方法来确定专家优于新手的潜在的中介机制，这对于研究专家表现并建立完整的概念模型非常关键。

第三，实验测试指标多为眼动的外部特征，缺乏对运动员决策过程认知特点的研究。研究者主要通过记录和分析注视位置、次数、时间、回扫、回视、眼跳等指标来探讨注视与视觉搜索的特征，这些都是眼动的外部特征，可以反映视觉搜索的外部数据或模式,但难以反映运动员决策时的心理认知特点。若是将眼动指标与认知心理学反应时指标和测试方法相结合,与动作预期、直觉判断等运动认知心理研究相结合,与口语报告或访谈调查相结合,探讨运动员眼动注视观察过程中的内部心理活动内容与过程,研究的指标将更加全面,研究也将更加深入(李京诚,2015)。

第四,以认知加工为基础的眼动理论模型尚未建立。白学军等(1996)以时间为线索,介绍了阅读心理学提出的视觉缓冲加工、立即加工、眼—脑加工、副中央窝加工、眼动控制、顺序注视—平行程序等六个理论模型,详细阐述了学者们对阅读文献时的眼动和认知加工之间关系的理论研究结果。但是在运动心理学眼动研究中,以认知加工为基础的眼动理论模型尚未建立,学者们对体育运动中视觉搜索的理论模式探索还不够,某些学者提出了初步的论述,但尚没有发现共同的规律,更没有提出解释和预测运动情境中运动员眼动特点和动作决策相关关系的认知加工模式,尚处于数据积累和一般特征描述性的初级阶段。

第五,实验条件、环境、过程控制不同,实验对象分组不统一,所得结果难以比较。目前,相关体育运动中眼动研究控制不够严格,研究之间的差异性较大,造成研究结果的可比性不高,例如刺激场景的呈现方式就包括幻灯片、图片、电视、投影以及运动的实景等,呈现的屏幕大小不一,观看刺激材料的距离也不一样,眼动研究记录仪也差异加大,其记录方式和标准有着不同。另外,研究者在对被试分组时,受各种条件影响,没有一个明确的分组标准,有些研究高水平组运动员选择国际级运动员,有些研究高水平运动员则仅仅选择一级运动员。不同运动项目运动员等级评定不同,运动水平也不尽相同。

第六,实验设备的生态学效度还需要提高。高精度的实验仪器也带来了应用的局限性,目前实验一般只能在实验室进行操作,被试还是能感觉到仪器测试的限制,和真正的运动现实情境还有一定差距。研究主要集中在静态的图片分析比较,对于动态的研究并没有很好的分析处理手段。大多实验所采用的眼动记录设备十分昂贵，耗时而复杂，且眼动情况必须在被试实际完成动作时进行记录，眼动仪并不多见，在运动中开展研究的项目也不多，研究数量和种类少，缺乏连贯的系统性，缺乏不同层面的、大量的被试群体研究。

虽然在方法论上受到了人们一定的质疑，但不可否认眼动记录技术仍然是运动心理学领域未来发展的重要方向，具有很好的发展潜力。有研究证实以录像素材进行研究而得出的结论，与少数从现场情境中获得的数据相比并无差异。未来在使用眼动记录技术来推断被试的注视方式时，还需要口头报告的进一步佐证，口头报告的使用，尤其是与眼动记录技术和掩蔽方法相结合，似乎能使运动绩效中的视觉搜寻策略和线索利用评定更为准确（李今亮，2005）。

1.4 研究的目的和意义

体育运动过程中，视觉信息提取是其基本的心理支持，而视觉信息的提取的不同模式可能反映了高水平运动员与一般水平运动员或新手之间的运动能力的差异性。可以看到，在任何一项竞技体育项目中，都存在着瞬息变化的比赛局面，运动员应该能够不断迅速地搜寻到有用的视觉信息，同时做出相应的动作反应。所以，获得运动员在比赛中的视觉搜索及注视信息，对于运动员、教练员来说就显得非常重要，而眼动记录方法正好可以提供上述信息。利用眼动仪可以测量专家与新手之间在注视次数、注视持续时间以及眼睛扫描轨迹等眼动指标间的差异。眼动分析有利于了解运动员在比赛过程中每一时刻的视觉活动，从而推测他们的视觉搜索策略及认知加工过程，这是其他研究方法所不能获得的。

射击项目是我国传统的优势项目，拥有一大批优秀的高水平运动人才。射击项目要求运动员具备良好的心理素质和时空感,动作协调,注意力高度集中,视觉信息搜索在射击运动中具有重要的作用。射击运动强调"稳""准",要求运动员必须具备优秀的心理品质、动作技术娴熟稳定。高水平射击运动员能在短时间内迅速集中注意力到有用信息上,排除各种干扰,达到动作流畅自如的状态。客观来说,射击运动是一项个人项目,技术动作较为固定而单调,强调以我为主,运动员只需将注意力集中于自我技术动作的流畅完成,瞄准靶子稳定射击,这和大多数以外部环境信息为主导的运动项目有着鲜明的不同。以往对于射击项目的眼动特征研究很少,如何了解高水平射击运动员在运动过程中的视觉注意特征及信息加工方式等情况,为更好地指导运动训练及选材服务,是本课题立足的出发点。

本课题主要借鉴现有的研究成果,尝试从运动员信息加工的过程入手,利用先进的眼动仪和分析手段,通过对不同水平射击运动员观察专项场景信息的眼动记录,结合认知反应速度测试等方法,揭示专家运动员的视觉搜索和注视信息,探讨专家和新手在专项认知水平上的差异,找出高效、实用的注视模式,丰富和完善运动心理学理论,为教练员对新手进行有的放矢的训练、心理选材、训练监控等提供借鉴。其理论和应用价值主要体现在以下两方面。

第一,理论意义。引用先进的眼动分析法,对于运动员专项认知研究的深入提供新方法和手段,为进一步探索信息加工过程提供新视角、新观点。同时,也为体育运动心理学领域眼动理论的模型构建提供一定的参考建议,积累实证经验,充实和完善相关的认知理论,了解心理活动的本质。

第二,实践意义。通过对优秀射击运动员的视觉特征分析,研究者可以对运动员进行潜能辨别和针对性训练,有助于发现运动中关于专项技术特征的一般性规律。在运动实践中,对提高运动员选材、教练员指导、训练定向、训练状态监控、有针对性的视觉能力训练方案等方面提供一定的技术支持和参考建议,将部分研究成果应用于训练实践中,为心理训练的实践服务。

1.5 理论基础和研究思路

　　当代认知心理学家司马贺(H. Simon,也译为西蒙,1986)提出,心理学的研究有三种不同的途径。第一条途径是研究复杂行为,如问题解决、阅读等;第二条途径是研究简单的信息加工过程,如对图形知觉的形成;第三条途径是生理水平,例如中枢神经过程,神经结构的研究。他认为心理学在20世纪的发展过程中,大多数研究者的工作长期集中于第二条途径即简单信息加工研究。最近几十年来,对第一条途径的研究和第三条途径的研究没有多大进展。目前,我们通过研究已经能够说明复杂行为如何通过简单的信息加工进行的,但对简单信息加工同生理过程的关系还是说不清,因为我们在这方面了解甚少。用眼动方法研究被试信息加工的过程,能实现对认知过程三个方面的研究,即能够探讨初级的信息加工(对图形材料的感知)同高级的认知过程(运动技能意义的理解)以及和生理活动(瞳孔直径)之间的关系,实现了信息加工过程的有效、合理、同时性测量,增强了生态学效度。

　　关于信息加工理论,Newell和Simon提出了至今为止最为完整的说明。他们认为,无论有生命的(人)或人工的(计算机)信息加工系统都是操纵符号(Symbol)的。符号是模式,如语言、标记、记号等。在信息加工系统中,符号的功能是代表、标志或指明外部世界的事物。符号和符号结构是外部事物的内部表征。信息加工系统是由感受器(Receptor)、效应器(Effector)、记忆(Memory)和加工器(Processor)组成。感受器接受外界信息,效应器做出反应,信息加工系统都以符号结构来标志其输入和输出,记忆可以贮存和提取符号结构(付全,2004)。信息加工理论的实质就是把心理过程看作信息加工过程,其核心在于揭示认知过程的内部心理机制,即信息是如何获得、贮存、加工和使用的。例如,从信息加工角度来看,射击运动员视觉追踪线条,做出判断决策就是一系列连续阶段的信息加工过程,在不同的阶段有不同的认知加工。

研究范式是指在某一领域里被人们普遍采用的、蕴含着某种基本理论假设的研究思路及研究设计模式。在研究中采用适当的研究范式有助于研究的系统化与规范化,提高研究结果的科学性。长期以来,研究者在运动专长领域进行了大量的研究工作,并形成了相应的研究范式。其中,"专家—新手范式"是关于运动专长研究的主要范式,典型的专家—新手范式是将某一领域里的一个或多个专家在某行为样本或心理特质上的表现与这一领域的新手的表现进行比较,并进而得出有关的研究结论。这一模式的基本假设是,专家具有而新手不具有的特征是解释他们之所以优秀的原因(漆昌柱,徐培,2001)。随着研究规模的不断扩大,以认知实验为基础的专家—新手研究范式越来越多,并涌现出一大批以运动专项为基础的战术思维、预期能力的研究。

Chantal Bard 等(1994)总结了大量专家—新手范式,从信息加工角度归纳了影响运动表现"软件"成分的 5 个主要特征:(1)视觉搜索方式的组织。(2)复杂决策过程的速度、准确性和适宜性。(3)知觉预测的质量。(4)运用边缘信息的能力。(5)决策操作的经济性。在视觉搜索方式上,专家倾向于视觉搜索的时间减少,在决策速度和准确性上,专家表现出了高效能。

Abernethy(1993)曾对专家在信息加工能力方面进行了总结,专家能够准确地检测和定位于相关的信息,迅速而准确地进行模式识别;专家具有更丰富的知识,并且其知识是高度组织起来的结构化知识;专家能更好地认识到运动中的各种可能性并计划好他们的行动;专家能更好地预测出对手的反应;专家对一些重要的动觉信息具有更精细的知觉;专家的动作更加运用自如并具有更好的自我监控技能;专家对他们自己动作过程的许多方面可以准确报告。专家相对于新手的这些优势保证了他们在信息加工的各个阶段上都能进行迅速和准确的信息加工,这些加工使用使得决策的速度加快,准确性提高。

在竞技运动的实践中可以看到,优秀运动员在各种比赛条件下,都能表现出较好的应变能力,技、战术运用合理、准确,呈现良好的竞技能力及节省化状态。究其主要原因之一,就是对专项运动信息的认知加工能力突出。所以,从运动员的专项认知水平角度,探讨专项运动心理能力的发展特征,揭示有关专项心理能力的培养机制,是当今运动心理学的重要研究课题(张忠秋,2001)。

心理学对运动决策的定义为:"对行动目标与手段的探索、判断、评价,直到最后选择的全过程。"运动决策是运动员的认知过程,是在时间压力下,根据有限的信息,在运动情境中感知信息、加工信息和采取行动的全过程。关于运动决策研究较多的采用专家—新手范式,在这种常规范式下,得出的结论较多支持高水平运动员的运动决策能力优于较低水平的运动员,主要表现在运动决策的正确率和运动决策的速率。

关于运动决策所涉及的研究方法,Singer 在《运动心理学手册》第二版中做了全面性的总结归纳,研究所涉及的领域主要有球类、体操、击剑、拳击等 26 个项目,主要的研究方法有口头报告法(verbal reports)、错误探测法(error detection)、回忆法(recall)、再认法(recognition)、信号检测法(signal detection)、电影定格法(film occlusion)、心理时间测定法(mental chronometry)、眼动记录法(eye-movement registration)、事件相关电位法(event-related potentials)等。科学技术在日新月异的进步,越来越多先进高端的技术设备被运用到运动心理学的认知决策领域,极大推动科学研究的深入发展。

运动心理学领域关于视觉注意的研究,主要体现在视觉搜索和知觉预测两方面。知觉预测最早由 Poulton(1975)提出,他认为在某些情况下,运动成绩将取决于对不完整信息或先行信息的加工处理过程。知觉预测强的运动员,可以利用部分重要信息完成对未来事件的精确加工。很多研究支持上述观点,专家之具备专业优势,是因为他们拥有较好的视觉信息处理"软件",而在视觉信息的"硬件"方面并没有明显差异。

视觉搜索是一种复杂的认知过程,是人获取外界信息进而进行加工的一种重要方式。从外显的行为看,视觉搜索是通过一系列的眼跳与注视获取外界的刺激信息,从而完成信息加工。所谓运动中的视觉搜索,指的就是运动员如何在纷繁复杂的赛场上快速地搜寻到自己需要的,对自己做出技术动作有用信息的过程。

运动员对运动情境中与动作完成相关信息的视觉搜索是完成动作前的重要准备内容,运动员不但要根据完成某种动作所需要的信息来进行视觉搜索,还要对视觉搜索所获得的信息进行决策判断并据此来选择适当的动作,这样才能在对抗中占得先机。而运动员的视觉搜索是其做出决策判断并完成动作的关键环节。但是,不同水平的运动员会因搜索信息选择上的差异而造成判断反应速度及准确性上的差异。

纵观已有运动认知心理学的研究成果和相关理论,本文确定以信息加工理论为基本出发点开展工作,采用运动心理学中的专家—新手范式,从运动员的专项认知特征出发,在视觉搜索过程中结合运动决策,结合眼动分析等角度来进行研究,这些都是我们所借鉴的理论基础。

由此,我们逐渐确定了本研究的基本思路,在信息加工理论的前提下,把运动员的信息获得、信息加工、策略制定和反应判断等几部分作为一个完整的信息加工过程来研究,采取专家—新手范式,利用眼动记录分析法等一系列方法来实现对于运动员专项认知信息加工过程的探讨。

1.6 研究设计和研究假设

根据已形成的研究思路,我们将主要以射击运动员的眼动特征研究为主,采用专家—新手范式,结合心理学的经典认知范式,利用眼动仪记录信息加工过程,对射击运动员认知信息加工过程中的行为特征和眼动特征进行分析,综合评定射击运动员的专项认知特征，探讨专家的视觉搜索模式，具体设计分为以下几部分。

一、射击运动员的注意稳定性的眼动分析

以认知心理学的注意稳定性（视觉追踪）实验为测试材料，通过 VB 软件对实验材料进行编程，通过 Tobii 自带的视频软件中进行同步记录的眼动数据，对射击运动员和普通大学的认知行为和眼动特征进行对比分析，实验分为简单和复杂两种条件，了解两组被试在注意能力和眼动数据上的差异。以往的注意稳定性实验一般都为纸笔测试，本研究将此方式电脑程序化，同时辅佐眼动仪记录被试追踪线条的注视追踪情况，力图更详细精确了解被试的眼动特征。

二、射击运动员的正向眼跳研究

正向眼跳任务研究是进行眼跳特征任务的基础，是眼睛对新异目标突然出现的一种不由自主的朝向眼跳，是自下而上的认知加工。我们将选取经典的正向研究范式，对射击运动员和普通大学生在眼跳任务的认知行为和眼动指标等方面进行对比分析。

三、射击运动员的反向眼跳研究

反向眼跳是一种随意性眼跳，是根据外部线索而进行的内部发动性行为，要求被试朝向目标刺激呈现位置对侧等距的空间位置做出快而准确的反应，认知难度较大，是自上而下的加工。反向眼跳在眼跳研究中被经常采用，并衍生出诸多变式。我们将采用经典的反向眼跳研究范式，对射击运动组和普通大学生组在反向眼跳任务中的认知行为和眼动指标进行对比分析。

四、射击运动员的正反向眼跳研究

将正向眼跳和反向眼跳两种研究范式进行有机结合，我们尝试在一个实验中分别呈现正反向眼跳方法，通过中间线索提示的变化，探讨不同被试对于眼跳的认知自主控制能力，了解优秀运动员的认知加工特征,期待为相关的运动认知眼动研究提供一定的参考和借鉴。

根据已有的研究成果,结合自我的研究设想,我们初步假设:专家组拥有较强的视觉搜索能力,他们的判断反应准确而快速,具备优秀的注意品质,自我注意控制能力较强,能较快进行视觉注意灵活转换。专家组的注视次数、注视时间较少,注视轨迹更为简练。随着任务难度的不同,眼动的各项指标也会发生一定的变化。相对而言,普通组的信息加工能力不强,正确率低,其注视停留时间较长,注视次数多,注视轨迹散乱等。

1.7 研究重点、难点和创新点

本研究尝试采用先进的眼动仪来了解射击运动员的视觉注意特征,主要是通过眼动记录被试的注视次数、注视时间、注视轨迹等眼动指标,探讨专家和新手在视觉信息的加工过程中是否存在异同,找出高效、实用的注视模式,通过不同的认知加工任务来了解被试的眼动特征,结合各种认知行为指标来对运动员的专项信息加工进行评定。

对优秀射击运动员眼动特征的全面深入分析将是我们面临解决的重点。可以看到,大部分运动项目的眼动研究集中在环境主导型项目中,而对于射击这样以自我内部注意为主的闭合型项目的相关研究较少。一方面,我们需要对于射击的各项目情况进行很好的了解,尤其是对于视觉观察更重要的跑靶、抛靶(射击)和双向飞碟(射击)项目。在不同认知任务要求的前提下,不同被试的眼动特征变化的趋势会如何,是否存在差异性?同时,将眼动仪器记录的其他行为实验、生理实验等收集到的数据进行很好的整合,了解高级认知加工能力(如知识结构、元认知动机水平)对运动员在复杂运动情境中判断决策的影响等,都是我们需要解决的重点。

另一方面,目前的所有运动眼动研究均以图片、录像分析为主,研究方式和手段趋于一致,能否在现有的基础上调整研究思路,用新的研究方法来进行探索性尝试,从另一视角了解运动员专项认知眼动特征,这是我们想努力探求的研究难点。同时,如何向真实情境过渡,如何在更具有生态型效度的场景中体现出射击运动员专家和新手的差异性,也是我们认为的难点所在。随着科技设备的更新,更轻便和灵活的 Tobii 系列眼动仪出现,让我们具备了探讨难点的有力武器,但如何对于运动情境进行合理的控制,如何把所采集的数据进行有效的分析处理,这将是非常有意义的探索性尝试。

2 研究方法

为了深入研究射击运动员专项认知的眼动特征,本研究采用了多种研究方法,并进行了以实验法为核心的综合研究,包括文献资料法、数理统计法和逻辑分析法等。

2.1 文献资料调查法

大范围查阅相关认知心理学和运动心理学方面的研究资料,了解近几十年认知心理学中视觉注意、信息加工领域的研究动态和发展,以及体育运动领域中眼动分析、专项认知等多方面的研究现状与发展趋势。同时,对于射击项目的专项特征进行广泛调查了解,对于射击运动的心理问题进行有针对性的调查。包括查阅近20年来国内出版的多部心理学教材中信息加工、注意、眼动章节及相关著作,了解近20年来国内外出版的训练学教材以及运动心理学内容部分,利用"Proquest"、"Elsevier"、中国知网等专业数据库所搜索到的国外关于"eye movement"和"sport"、"athletes"等相关运动员眼动文献三四百篇;同时还查阅相关的运动认知心理学关于视觉搜索、视觉注意、专项认知等相关资料,以及专家-新手范式、运动决策、信息加工速度等文献。

2.2　专家调查访问法

广泛征求相关专家学者的建议和看法,将自己的观点和想法建立在大多数专家学者认可的框架中。采用电话访谈、面对面访谈以及书面访谈的形式,向认知心理学领域、运动心理学以及体育运动领域的专家请教与咨询有关实验设计、研究方案的可行性及应用价值等多方面的问题。

不断将研究设计、研究结果进行专家反馈,及时发现问题,及时解决问题。调查的专家包括运动心理学的学者和教授、从事运动训练的专家以及认知心理学方面的学者、长期从事眼动研究的研究技术人员等。

2.3　眼动记录法

本实验主要采用国内外较为通行的 Tobii 公司 TX300 眼动仪来记录被试的眼动扫描情况,通过视觉图片的呈现,搜集被试关注图片的视觉眼动情况。TX300 眼动仪能提供较为详细充分的数据分析软件包,可以分析被试的注视情况,包括注视持续时间、注视点数、瞳孔直径、眼跳角度等。该仪器易操作,可以实现数据的及时转换,精确度高。TX300 的所有硬件,包括眼动追踪技术、摄像头和扬声器,全部与眼动追踪装置和显示器整合为一体,不会干扰测试者,具有稳定可靠的定标功能,保证了长时间测试环节中无需重新进行定标。它可提供真实生活条件中大注视角度情况下的高度正确和精确的注视位置数据,采集自然人类行为不需使用任何束缚性装置,提供最灵活的适应各式刺激材料测试的解决方案,大量研究应用软件都可与 Tobii TX 300 兼容,同步输出端口可实现与外部设备的实时同步,是研究部门加以使用和进行各种研究的理想选择。

  Tobii 的 TX300 眼动仪的头动范围(37cm 宽×17cm 高×30cm 长),具备较好的头部灵活性,是以往眼动仪所欠缺的。与眼动仪相连的有两台电脑,一台用来呈现实验材料,显示屏是 23 英寸大小,分辨率为 1920×1080,采样频率是 300 赫兹。另一台为控制机,为主试监控电脑,用来执行控制命令,操作整个屏幕。实验时,被试端坐在呈现画面的电脑前,尽量保持头部不动,注视电脑屏幕。主试通过控制机对整个实验过程进行调控,同时眼动仪所记录的眼动情况会以数据形式保存在呈现刺激的电脑内,自动生成一个文件。

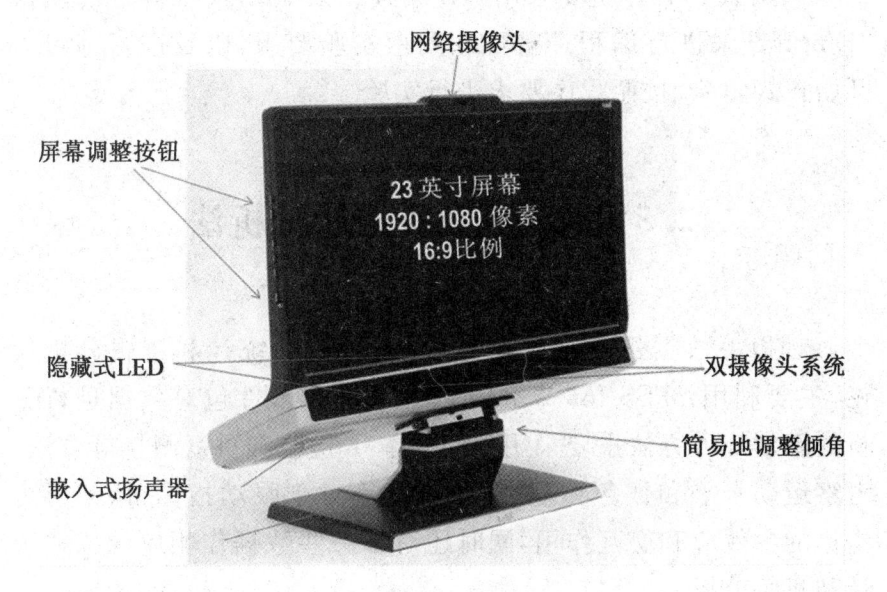

图 1　眼动仪 Tobii-TX300

  数据采集是采用北京津发科技股份有限公司的 ErgoLAB 人机环境同步平台眼动模块,该平台搭载 Tobii TX300 型眼动仪,能全面整合和处理各项眼动数据。实验过程中,被试的行为数据包括正确率等通过 ErgoLAB 软件的视频回放功能来分析。眼动的原始数据由 Tobii TX300 自带的眼动记录设备采集,每个被试自动生成一个数据文件,通过 ErgoLAB 软件对原始眼动数据和反应时进行整理,最后利用 SPSS 18.0 软件对实验的各项指标进行统计分析。

2.4 普通实验操作法

使用人为干扰、干预、控制等手段对研究对象加以辅导，创建相应的环境和条件，引发一系列的变化，并观察其中变化的这一过程，我们称之为实验。根据实验的目的和要求，我们通过具体的实验方式来对不同被试员进行认知行为的反应时和正确率等测试。研究主要采用VB编程以及眼动仪所自带的软件"E-prime"来进行编程。被试在明白实验要求，以及进行练习后开始正式实验，按照程序要求进行实验。

2.5 数理统计和逻辑分析法

对相关数据进行收集整理后，进行数理统计和逻辑分析讨论，主要利用SPSS for Windows18.0统计软件包对数据进行分析处理。统计方法主要采用独立样本T检验和重复测量等方法，考察运动水平和任务类型、任务难度等对于眼动指标、认知行为指标的主效应和交互作用，同时还对于一些数据作相应的描述统计和相关分析。

3 研究一 射击运动员注意稳定性的眼动研究

3.1 前言

注意是运动员掌握运动技能过程中的一个重要因素,也是在比赛过程中取得优异成绩的重要心理保障(Allport,1989)。良好的注意品质是运动员有效实施运动技能的关键,它贯穿着运动技能形成直至熟练化的全过程。Memmert(2009)对运动专长(expertise in sport)的视觉注意做了较为全面的回顾,并基于神经科学的最新研究成果把注意分为4个独立的子过程,即注意定向(orienting attention)、注意选择(selective attention)、注意分配(divided attention)和注意保持(sustained attention),这四个过程为我们有针对性地开展注意技能训练方法提供明确的方向。注意稳定性,一般是指被试将自我注意资源保持在某个目标或者客体上,需持续一定时间。在某些特定的运动情境中,运动员对于注意的集中稳定性要求严格,需要排除外界干扰,全身心的关注于相关情境信息,并且将注意力保持一定的时间和强度。例如,在运动员射击瞄准过程中,高水平运动员需要高度集中注意力,全身心投入射击过程,保持高度的警觉性,注意持续稳定一段时间。

可以认为,射击运动是一项"动中求静、静中求稳、稳中求准"的个人运动项目,是以"稳""准"取胜的运动项目,心理稳定性是射击运动中一项非常必要的技能,其心理活动的比重往往大于外在的生理活动,是以心理活动为主的专项技能。每一次据枪、瞄准和击发的瞬间都要求运动员心理稳定,注意高度集中,会"静心守神",确保每发子弹都在自己最熟悉的动作模型状态中击发,进而达到"缺口—准星—靶子"三点形成一线,准确命中目标。目前,射击运动员相关的动作稳定性研究已经有很多,但关于心理稳定性的研究极少。王勇、杨勇涛(2010)将射击运动员的心理稳定性定义为射手比赛中心理状态或情绪的波动程度。心理稳定性会影响动作完成过程的准确性和一致性,降低训练成果和比赛成绩,需要运动员的内在心理直接参与调解外在的行为,并决定其竞技表现和比赛成绩,在比赛中运动员心理的稳定性和对心理的自我控制能力是赢得比赛的关键。优秀的运动员可以有效控制自我情绪,稳定住自我身心状态,避免情绪波动,保证射击过程各环节的良好发挥,心理稳定性对射击运动员在重要比赛中的发挥至关重要。

目前,我国的射击运动有着很好的科研基础,由于有很多的专家特别是心理学家和训练学专家的强势介入,取得了很好的科研效果,并且在运动实践中发挥了很大的作用。但美中不足的是介入的学科比较单一,往往较偏重于心理训练方面的研究。其他方面如训练计划状态调控、生物力学、体能训练等研究不够深入,而且系统性差。从20世纪90年代开始,我国研究人员就针对射击运动员的生理稳定性进行了研究,并且随着时间与科学技术的发展,研究仪器与手段都变得更加先进,研究测试也更加贴近实际训练与比赛,得到的结果就更能反映运动员真实的水平,为运动员选材、不同水平运动员差异检验及认识选手自身的优点与不足提供了帮助。

眼动分析可以即时提供人在进行心理活动过程中的加工数据,从而实现对人心理活动的精细分析,已经成为心理学研究中的一个重要方法。利用眼动仪可以采集到更直接、有效的客观数据,了解运动员及时的心理状态,也为运动心理学研究提供了新的方式手段,目前已经成为当下研究的热点,越来越多的运动项目利用眼动仪来探讨运动员专项认知加工的特点。而目前,在视觉追踪过程中引入眼动的研究并不多见,而对于射击运动这项注意集中稳定性要求甚高的项目来说,类似的研究也未见报道。我们使用先进的眼动记录仪,它可以在不干扰被试完成认知任务的情况下,实现对被试视觉追踪的生态型、即时性测量,获得可靠而丰富的实验数据。因此,本研究采用先进的眼动仪记录射击运动员进行注意稳定性(视觉追踪)任务时的眼动数据,在注意稳定性研究中引进新的方法和手段,通过不同的认知任务要求考察运动员和普通人在注意稳定性上的差异,将眼动指标和认知行为数据进行综合比较分析,期待为相关的视觉认知加工分析提供新视角,为运动员专业信息加工的研究提供新思考。

3.2 研究对象与方法

3.2.1 研究对象

从解放军八一军体大队选取专业射击运动员 30 人作为运动组,运动级别为国家一级、二级,包括手枪和飞碟项目运动员,从普通高校选取普通大学生 35 人作为普通组,两组被试的矫正视力都在 1.0 以上。

3.2.2 实验仪器设备

本实验采用神州津发科技有限公司的专业眼动仪 Tobii TX300,实验的显示器为 23 英寸,分辨率是 1920×1080,数据传输率是 300 赫兹。被试的眼睛距屏幕 63cm,实验采用低度照明环境,一台计算机向被试呈现刺激材料,另一台用于主试监控和记录实验数据。(如下图 2)

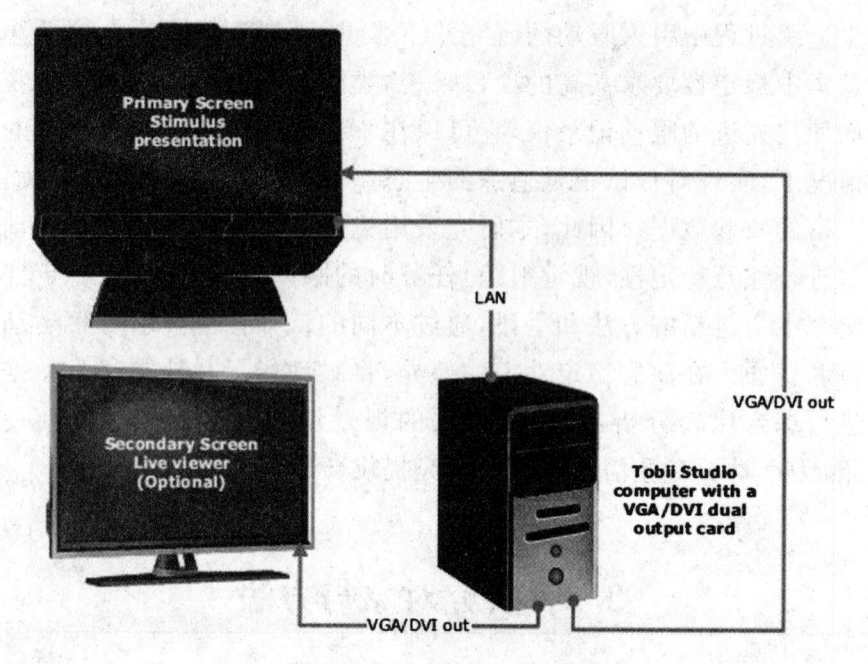

图 2　Tobii TX300 基本实验过程

3.2.3　实验设计

本实验的自变量包括专业水平和场景难度,是 2×2 的混合实验设计,专业水平包括运动组和普通组,场景难度包括简单和复杂两个水平。

3.2.4　实验材料

本实验材料选用殷恒婵教授(2004)等编制的《注意力测验》中的注意稳定测验(视觉追踪),将所有材料通过专业的 VB 软件进行编程,在打开该软件的同时,在 Tobii 自带的视频软件中进行同步记录眼动数据。

3.2.5　实验过程

每个被试单独进行实验室测试。在完成实验前的指导工作及按键练习等准备工作以后,用 Tobii 自带的眼动校准程序对研究对象进行眼睛的校准。九点追踪校准结束后开始观察练习图片的实验材料,在受试者正确理解指导语和实验要求后开始正式实验。整个实验约持续 8~10 分钟。左侧线条是从上往下的排序,需要被试依次寻找右侧线条的终点。例如,左侧 1 线条闪烁,表示可以从 1 开始追踪,被试如果准备好,按下空格键开始从左往右追踪线条的终点。如果认为已经找到,再次快速按空格键,此时出现鼠标,被试点击鼠标确认线条 1 的终点。鼠标点击确认后,左侧的方框 2 开始闪烁,鼠标消失,被试将注意力再次转移到左侧时,准备就绪后再次按空格键开始 2 的追踪,依次类推。

指导语:"欢迎参加本实验!实验开始前请认真阅读本指导语!本测验是一个视力追踪测验,要求您用眼睛从左侧数字开始追踪一条曲线,在右侧曲线数字处结束,具体如下:实验从左侧数字开始追踪,如已经准备就绪,从数字闪烁的线条开始追踪(按空格键开始计时),跟踪结束时按空格暂停(计时暂停)。然后用鼠标点击确认(限时 3 秒)。再按空格开始进行下一条线索的跟踪,左侧数字线条有闪烁,如准备就绪,按空格键开始下一次追踪任务,直到结束。如果对之前所追踪线条的判断有误,可点击修改线条的左侧开始重新追踪该线条(变成蓝色方框),重新开始测试。再次按空格开始,按空格结束追踪。请集中注意力在追踪曲线上,从左侧开始追踪,线条有交叉但无重合,都起于左侧止于右侧。希望大家准确而快速的完成测试任务,谢谢。如对实验有疑问或不太理解的地方,请在实验开始前向主试提出,确保测试过程中能按照实验要求去完成。

3.2.6 数据处理与分析

数据通过 Tobii 自带的 Tobii Studio 软件进行原始处理,在 Excel 软件中进行整合加工,最后用 SPSS 18.0 软件对实验数据进行统计处理。

3.3 研究结果

对有关的数据结果进行整理,我们按照下列标准剔除数据:(1)被试反应正确率低于70%;(2)被试的眼动采样率低于75%。根据上述标准,以及某些客观原因所造成的数据流失(如头部大幅度移动等),最终,运动组的有效数据保留为28人,女13人,男15人;普通组的有效数据为29人,男为17人,女为12人。其中,健将有6人,一级运动员有15人,其余为二级运动员。

3.3.1 认知行为指标

通过自行编辑的注意稳定性软件,我们对相关的数据进行整理,得出两组被试的认知反应时和正确率基本情况如下(表1、表2)。

表1 两组被试反应时的描述统计(MS)

被试组别	简单情况 M	简单情况 SD	复杂情况 M	复杂情况 SD
普通组	48553.45	12245.56	159521.38	51682.24
运动组	47443.18	7404.73	133585.32	24795.99

表2 两组被试正确率的描述统计(%)

被试组别	简单情况 M	简单情况 SD	复杂情况 M	复杂情况 SD
普通组	95.52	7.31	89.80	6.60
运动组	96.43	7.36	90.06	5.78

3 研究一　射击运动员注意稳定性的眼动研究

可以看到,任务的难度对于每个被试的行为指标——正确率和反应时都有较大的影响,随着任务难度的增加,被试需要花费更多的时间进行注意追踪,其反应时间更长,正确率也下降。从两组数据的行为数据对比中可以看到,在简单任务下两组被试的反应时和正确率都没有明显差异,说明被试都能快速而准确地完成简单任务的视觉追踪任务。两组被试在复杂情况下的反应时差异呈现显著,$F=5.718$,$P<0.05$,运动组的反应时明显快于普通组。相比而言,普通组的标准差较大。任务难度的增加,被试的视觉追踪的正确率下降明显,任务难度对于被试的视觉搜索具有显著影响,被试都是在保证较高正确率的前提下完成视觉追踪任务,两组被试在复杂简单条件的正确率差异均不显著。

3.3.2 眼动指标

根据本研究的要求和眼动设备分析软件的特征,我们选取了首注视点时间、注视次数、注视持续时间、访问总时间、访问次数、眼跳距离、扫视速度等几个眼动指标进行统计分析。一方面,我们对任务难度进行配对样本检验,发现只有在首注视点时间上没有显著差异,注视平均时间、注视次数、眼跳距离等指标上均有显著差异,这说明随着任务难度的增加,被试的注视点持续时间增加,注视次数、访问总时间、访问次数增加,而眼跳距离、扫视速度减少,说明信息加工任务难度的提高,让被试要花费更多的时间和更多的精力去完成追踪任务,加工速度降低,注视时间、注视次数增加,加工效率降低。

简单任务下两组被试的眼动数据统计如下(表3),两组被试在首注视点时间、注视次数、注视持续时间、扫视速度上等均无显著差异,在访问总时间($F=4.82$,$P<0.05$)、访问次数上($F=6.36$,$P<0.05$)、眼跳距离($F=13.62$,$P<0.01$)上存在有显著差异。

表3 简单任务下两组被试的眼动数据统计(MS)

组别	普通组 M	普通组 SD	运动组 M	运动组 SD
首注视点	216.4	53.82	197.19	53.2
注视持续时间	233.79	31.73	220.56	20.73
注视次数	17.53	4.10	18.64	2.86
访问总时间	4749.29	1272.68	4612.19	704.33
访问次数	1.09	0.23	1.03	0.04
眼跳距离(cm)	3.30	0.67	2.66	0.35
扫视速度(cm/s)	74.52	10.23	67.67	7.04

复杂任务下两组被试的眼动数据统计如下(表4),两组被试的首注视点持续时间上无显著差异,在注视点持续时间($F=3.96,P=0.05$)、注视次数($F=12.82,P<0.01$)、访问总时间($F=9.24,P<0.01$)、访问次数($F=10.74,P<0.01$)、眼跳距离($F=19.60,P<0.01$)、扫视速度($F=8.01,P<0.01$)等多个眼动指标上都存在有显著差异,说明运动组的注视点持续时间短,他们用较少的注视次数、较短的眼跳距离追踪到目标,能更快速而准备地完成视觉追踪任务。

表4 复杂任务下两组被试的眼动数据统计(MS)

组别	普通组 M	普通组 SD	运动组 M	运动组 SD
首注视点	211.8	63.12	193.19	46.29
注视持续时间	248.84	34.21	228.17	18.8
注视次数	21.8	6.5	20.16	3.13
访问总时间	6249.14	2274.76	5235.93	934.59
访问次数	1.13	0.27	1.02	0.03
眼跳距离(cm)	3.21	0.85	2.47	0.35
扫视速度(cm/s)	73.30	13.85	64.62	6.91

3.4 分析讨论

射击运动是一项综合心理、生理、技术诸因素的竞技体育项目，国外的心理学者经过对获奖运动员数据分析后提出，在射击比赛中纯技能占 30%，剩余的 70% 则是心理训练，射击比赛受到心理因素的影响较大，这已是射击界的共识。在重大的比赛中，究竟谁能脱颖而出，更多的时候就是心理因素起到主导作用，这也使射击项目的最终成绩与排名具有很不确定性，不到最后一枪谁都没有拿到冠军的把握，也是观众更加关注射击比赛的原因之一。外界环境的影响（教练员、现场观众等）、运动员自身的心理包袱，想赢怕输等心理等，这些都会影响到运动员的技战术发挥。实际上每名运动员都有过一两次比赛打得十分出色，但在另外几次比赛中却大失水准，反映出了心理状态的不稳定，需要做好赛前心理准备，增强心理调节稳定能力。注意稳定性和射击成绩有着极其密切的关系，良好的注意稳定性是射击运动员准确完成技术动作，取得好成绩的保证。可以认为，当射击运动员技术水平提高到一定程度时，单纯靠继续加强技术动作的练习来期待达到更好的射击成绩是狭隘的，此时注重运动员心理稳定性的提高才是获得好成绩的关键。

以往运动认知心理学的评价方法主要有纸笔测验和行为实验两种方式。利用眼动仪记录被试的视觉搜索注视过程，将以往的纸笔注意测试电脑软件化，同时记录被试的认知行为指标，探讨高水平运动员注意追踪的特点，这些都是本实验想了解的内容，以下我们主要分为三部分讨论。

3.4.1 认知行为指标上的讨论

射击运动的特点就是人、枪、靶复合感觉定位的高度准确、一致和稳定,为了表现此特点,射击运动员需要具备熟练的枪感,持久的控制能力,高效的注意力和高度的稳定性。从两组被试的认知行为指标上进行比较,在简单任务情境中,两组被试的反应时和正确率差异均不显著,说明在较低认知任务的前提下,被试都可以快速而准确地追踪到线条,完成视觉追踪任务。随着任务难度的增加,被试的反应时明显增加,正确率也随之下降,说明被试需要花费更多的时间和精力去提取出有用信息,迅速整合加工后做出反应。

反应时间在一定程度上能够较为灵敏地反映人的工作能力、工作潜力、应变能力和注意特征等心理特点,是构成运动员整个心理素质的重要因素之一(柳起图、韩潮,1985)。复杂情境中,两组被试的反应时差异显著,正确率差异不显著。运动组的反应时短,更能快速而准确地追踪到目标。被试都是在保证较高的正确率前提下开始视觉追踪的,复杂任务时射击运动员所在的运动组能较快地完成视觉追踪任务,符合我们之前的假设。运动过程的信息加工常常是快速进行的,运动专家们能够快速地从大量无关信息和有关信息中提取出有用部分,迅速整合加工后做出判断反应,视觉搜索策略更有效,其信息加工的质量较高。

简单情境中,我们只是选取了十条线条的依次追踪,认知难度压力较小,被试均较为轻松准确地完成任务。而复杂情境选取了25条线条的追踪,认知压力较大,而同时人的注意集中稳定性较为有限,被试需要花费更多的时间保持注意的稳定性进行视觉追踪。事实上,相对于正确率而言,每一线条所占的正确率比重较大,允许被试在后续线条追踪的过程中进行修改,而低于70%的被试数据(普通组多)已经被剔除,因此正确率的偏差较大,都保持着较高的正确率,其主要差异体现也只是在反应时这一指标上。

武文强(2007)等对我国一线优秀女子气步枪运动员瞄准技术进行研究分析,二线队员作为对照组,结果显示:一线队员据枪稳定性好,准确性高,扣扳机时机好并且果断,稳、瞄、扣协调;瞄准技术平稳、适时、瞄与扣协调配合、自然击发、动作规范,击发瞬间很少出现多余动作;所有的实验对象射击风格属于稳定型风格。射击从专业角度来讲,更是运动员对掌控自身心境平和的内力的挑战。这种内力对其心智与神气的凝结,是感觉与知觉的体现,是稳定情绪的自我控制。

有研究表明,人是动态变化的活体,枪的稳定性再好,在据枪后也会出现三个阶段:形成期(含前期,射手自感稳得还不够踏实)、强化期(亦称沉稳期)和消逝期。优秀射击运动员注意的稳定性高,他们具有高度的警觉性,能较好排除外界干扰,保持注意力的高度集中稳定,不走神,技术发挥正常。而很多队员由于心理因素不过关,容易受到外界干扰,内心容易出现波动,关键时刻技术动作容易变形,发挥不了应有水平。从行为指标上来看,两组被试的差异仅体现在反应时上,一方面可能是由于实验设计中测试线条较为有限,另一方面也是由于剔除数据的因素,被试都是在保证准确率的前提下去进行视觉追踪。

陈融(2003)通过测试初中生在体育课前和课后的注意稳定性水平发现,适宜的运动会提高大脑的工作能力,所以学生的注意稳定性水平在体育课后高于体育课前,体育课上的运动会有利于接下来文化课的学习,体育运动能有效提高注意稳定性水平。可以看到,射击运动组的注意稳定要好于普通组,但是否这是长期专业训练所造成的,还是早期训练选材所挑选出来的,需要更多深入的研究来确认。

3.4.2 眼动指标的讨论

眼动实验是一种实时的眼球运动记录实验,是可以通过分析各种眼动参数来考察整个认知行为的过程。眼动研究可以对人们信息加工的过程进行实时有效分析,反映了大脑的信息处理能力。根据 TX300 眼动仪的特性,结合研究的任务要求,我们将整张图片划分为兴趣区(AOI),分别选取了首注视点、注视持续时间、注视次数、眼跳距离和扫视速度等几个相关的眼动研究指标来进行分析。

可以看到,任务难度的增加对于被试眼动指标上的差异大多数是显著的,但是在首注视点的持续时间上并没有明显差异。分析认为,本测试所采用的实验方式是从左往右依次进行线条追踪,已知每一线条的起点,需要快速追踪到线条的终点,考察被试在追踪过程中的注意集中稳定性。从眼动注视轨迹图上可以看到,被试的注视点都是从左到右按照线条的曲线走向进行追踪。因此,在个人注视轨迹图差异不大。因为被试在完成上一次追踪任务以后,需要注视点回到左侧数字方框内按键开始下一次追踪,首注视点均出现在左侧线条起点附近。实验任务要求被试在准备完毕后自行按键开始,而左侧线条在开始阶段线条密集程度不高,并没有很明显的多线条交叉、难以辨别情况,认知加工的强度不大,被试可以很快地开始进行往右的视觉追踪(首注视点时间明显少于注视平均持续时间)。因此可以认为,两组被试的首注视点时间差异并不显著,任务难度的差异也并不显著。

注视持续时间是被试在信息加工过程中的注视点平均持续时间值。以往的研究均表明,注视持续时间的长短反映了被试认知加工时间的长短,并反映被试对材料加工的程度。如果注视时间越长,说明加工越深,加工速度就慢,我们的研究验证了以上观点。任务难度增加,认知的信息加工压力也增大,被试均出现注视持续时间的延长,任务难度对于被试的注视持续时间有显著影响。总体来看,运动组的注视点持续时间明显少于普通组,两组被试在复杂任务下差异显著,但是在简单任务条件下差异不显著。相对而言,射击运动员的运动组注视持续时间增加量不多(220.56—228.17),而普通组增加量加大(233.79—248.84)。

注视次数可以反映被试的信息加工熟练程度、加工策略以及图片材料的难易等,信息量的多少影响着被试的注视次数。可以看到,在简单任务情境中,两组被试的差异并不显著。随着任务难度的增加,被试需要花费更多的时间,用更多的注视次数来进行视觉追踪任务,在复杂情境中射击运动员的注视次数明显少于普通大学生组,说明运动员信息加工能力较强,他们的注视点平均持续时间短,注视次数少,反应速度快而准确。

访问总时间是指被试在兴趣区完成一次判断任务时所需要的总时间,被试在进行线条追踪的过程中,不光只有注视点持续时间,还有眼跳过程。注视点到注视点之间需要眼跳,也需要一定的时间,访问总时间包括注视总时间和眼跳时间等,访问总时间反映了被试信息加工的过程,与反应时密切相关。访问总时间越长,说明被试信息加工的效率不高。可以看到,任务难度的增加,被试的访问总时间也越长,被试信息完成加工任务也需要更多的时间。运动组的访问总时间明显少于普通组,他们在简单任务、复杂任务上均有显著性差异,说明射击运动员的加工速度要快于普通大学生,他们的加工效率高,体育运动让运动员的眼睛更加敏锐,在极短的时间里采集到有用信息,做出有效的判断。

每次访问是指从首个注视点出现在兴趣区中到下一个注视点移出兴趣区。我们划分兴趣区是以所有线条的整张图片为主,被试进行从左往右视觉追踪任务时,整个注视过程应该都在兴趣区域以内。如果被试持续稳定地进行追踪,其访问次数应该就是1。在统计相关的数据过程中,我们发现,被试的访问次数呈现出一定的变化,其中,普通组的访问次数显著大于运动组。这充分说明,射击运动员的注意稳定性更强,他们能高度集中于线条追踪任务,关注于相关线条而不偏离。而普通大学生组有的被试会出现注意偏移,走神、眨眼等偏离兴趣区等问题,导致他们的访问次数不仅仅是一次。

以往的眼动研究中,眼跳距离和扫视速度的相关对比研究并不多见。眼跳发生在一次注视内容加工完成以后,使新的内容落在中央窝视区内,以便于对新的内容进行加工。眼跳距离是指从一次注视结束开始转移到下一次注视之间眼睛跳跃的距离,反映了信息提取情况,通常用视角表示。眼跳距离大,说明被试一次注视所获得信息相对较多,它是反映加工效率和加工难度的指标。从这个注视点跳到下一个注视点的速度一般称为扫视速度，我们选取的眼跳距离、扫视速度是计算线速度为主，和以往的研究不太一致。可以看到，任务难度增加，眼跳距离和扫视速度随之降低，射击运动员的眼跳距离和扫视速度明显少于普通组，这和我们预期的专家－新手范式存在着一定的出入。分析原因，我们认为，可能是由于射击项目需要长时间注视某一特定目标，注视点需要稳定而持续，并不需要快速地进行注视转移，因此，射击运动员的注视转换速度和距离并不快，他们的眼跳距离、扫视速度也少于普通大学生组，这和专业项目特征有很大的关联，但相关的证据需要在后续的研究中进一步得以验证。

3.4.3 总体讨论

著名运动心理学家 Nideffer 在前人研究的基础上，将注意力分为两大维度，即注意范围和注意方向，注意范围是指在瞬间清楚把握的对象的数量，注意的方向是指人正在关注外部的环境信息（如对手的移动，教练的手势等）或是内部的身心情况（如自己的心跳、情绪等）。射击运动员的注意范围狭窄并指向内部信息，这种注意对于敏感把握各种身体感觉是最重要的。

《心理学大辞典》把注意稳定性（attention stability）定义为：注意较长时间保持在某种事物或所从事的某种活动上的能力，其标志是在一段时间内保持注意高度集中。注意的稳定性有狭义和广义之分，狭义的注意稳定性，是指注意保持在同一对象上的时间；广义的注意稳定性，是指注意保持在同一活动上的时间，是指注意的总方向和总任务不变。注意稳定性的存在方式主要是三种：一种是对刺激进行有选择的反应。这是信息进入人脑的第一道关口，是注意稳定性的前奏，可称为选择注意。另一种是指对单一对象保持较长时间的注意，如在雷达的荧光屏上注视可能出现的信号，又称警觉注意。最后一种是指对同一活动保持较长时间的注意，简称活动注意。活动注意是注意稳定的核心含义，因为在日常生活中更多的是活动中的注意稳定。

以往的注意稳定性研究主要停留在量表的回顾性调查上,缺少对注意能力的鲜活、互动特征较为真实反应的测量工具(李永瑞,2001)。随着计算机技术的不断发展,通过电脑软件实现对于运动场景的模拟呈现,同时借助电脑准确、及时进行信息反馈,这对于了解运动员认知心理具有较好的生态学效度。为此,本研究的注意稳定性测试采用殷恒婵教授(2004)等编制《注意力测验》中的注意稳定测验(视觉追踪),将所有材料通过专业的VB软件进行编程加工,对每次被试追踪线条的过程进行行为反应时记录,再结合眼动仪了解被试追踪线条的整体过程,这也是该研究所创新的地方之一。

射击项目对于精确性要求极高,高水平运动员必须具备良好的技术、心理稳定性,动作协调一致,有较好的自控能力。可以将据枪→瞄准→击发→保持→枪放下→结束整个动作过程作为一系统工程来分析,各个环节都必须衔接紧密,保持高度统一。而事实上,这些微小的技术环节是很难客观评价和细化的,更多的是运动员自我调节把握,具有自我节奏。同时,射击运动要求射手人枪合一,技术和心理始终保持在稳定水平上,具有平常心,良好的心理素质能让运动员发挥正常的技战术水平,在跌宕起伏的赛场具有出色的心理调控能力。

陈丹萍、杨中伟(2006)设计了心理稳定性影响因素的问卷对影响射击运动员赛中心理稳定性的因素进行研究,结果表明影响射击运动员赛中心理稳定性的因素包括主观反映、竞赛情况和生理状况。注意的稳定性是指人的心理活动以同样的强度持久地保持在一定的对象上,是射击运动员取得优异成绩的保证,是优秀运动员一项必备的心理特征。射击运动是一项高稳定性、注意力高度集中的特殊运动项目,比赛时间长,运动员需要在比赛的过程中长时间保持高度集中的注意力状态,不受到外部因素的影响,排除各种杂念,将注意力始终集中在自我动作上,这样的高强度对抗不仅是在体力、身体上提出了较高挑战,在心理耐力、心理疲劳等方面要求也非常高。

　　本实验的注意稳定性研究采用的是多线条的视觉追踪任务，要求被试在诸多的线条中从左到右进行视觉追踪，对被试的注意稳定性提出了较高要求。眼动记录主要是针对运动情境图片的观察，是对信息加工过程中信息提取的同步测量，而反应时和正确率的行为指标主要是考察被试对于追踪任务的认知能力体现，两部分指标是紧密相连的，我们需要从运动决策反应时、正确率这样的行为指标以及信息即时加工的眼动指标等多角度综合讨论被试的注意稳定性特征。

　　从简单任务情境下分析，两组被试的反应时和正确率都没有明显差异，正确率保持在较高的水平，说明他们在较低的认知压力情境中，都较好地完成了视觉追踪任务。即时同步的眼动指标分析中发现，首注视点时间、注视点持续时间、注视次数上均没有显著差异，但是在包含注视、眼跳部分的访问总时间上，运动组明显少于普通组。相对而言，射击运动员组的注视点持续时间、注视总时间、访问次数和眼跳距离少，而普通组各项眼动指标的标准差较大，这也说明射击运动员的信息加工能力还是要略好于普通大学生，只是差异没有达到显著性水平。

　　随着任务难度的增加，两组之间的信息加工差异开始体现。在复杂情境中，射击运动员的反应时明显快于普通组，他们的注视点持续时间、注视次数、访问总时间、访问次数均显著少于普通大学生。可以看到，运动组有着较明显的注意认知优势，他们能用较少的注视次数、注视持续时间、访问总时间、访问次数，完成视觉追踪任务。相对而言，普通大学生组的信息加工能力较差，反应速度较慢，其注视点持续时间较长，注视次数较多。

　　眼睛注视的内容同时也是大脑加工的内容，一般认为，首注视点持续时间反映的是初始信息加工的部分，眼动注视次数、注视持续时间、访问总时间反映的是注视加工的过程，是眼动的时间维度，访问次数、眼跳距离和扫视速度、注视轨迹等是眼睛运动搜索信息的特征，是眼动的空间维度。本实验是被试自主地从左到右开始线条追踪,因此在首注视点上差异并不显著。被试的视觉追踪是随着每一线条的走向而进行,而线条的变化已经固定,因此他们的注视轨迹也没有明显不同。已有的研究表明,注视点持续时间、注视次数是体现被试信息加工处理能力的主要指标,本研究在复杂情境中两组被试的差异验证了以上观点。另外,我们尝试引用前后注视点之间的眼跳距离、扫视速度(线速度)指标,而运动员的眼跳距离、扫视速度低于普通组,与预期有一定的差异,分析原因,我们认为,这和射击运动项目长时间稳定持续关注于特定目标——靶子有一定的关联,但缺乏相关的研究理论支撑,需要在以后的研究中进一步商榷。

3.5 小　结

3.5.1　认知加工的任务难度对于被试的行为指标和眼动指标均有显著影响。任务难度增加,被试的反应时也增加,正确率下降,他们的注视点持续时间、注视次数、访问总时间、访问次数增加,而眼跳距离、扫视速度减少,说明被试需要花费更多的时间和精力去完成视觉追踪任务。

3.5.2　简单任务中,射击运动员的访问总时间、访问次数和眼跳距离均少于普通组,有显著差异。复杂任务中,运动组反应时明显快于普通组,运动组的注视点持续时间、注视次数、访问总时间、访问次数、眼跳距离、扫视速度都要短于普通组,呈现出显著差异,这说明在复杂情境中的信息处理中,运动组要优于普通组,他们的加工效率更高,视觉追踪能力更强,注意稳定性更好。

4 研究二 射击运动员的正向眼跳研究

4.1 前 言

　　眼睛是一个特别的感知器官,它可以传递给我们很多的信息,它是外部信息进入大脑的重要通道。对于眼球运动的研究为探索感知运动加工过程和大脑高级认知功能提供了一种行为学上的测量方式,随着科学技术的发展和完善,对于眼动记录的方法也日趋成熟,很多研究通过使用不同的眼动空间和时间参数来评估各种认知加工过程。人眼对物体进行观察时,注视、眼跳、平滑追踪三种运动形式必须交互进行,实现对关注目标的持续关注和动态追踪,保证较为清晰的视觉呈现。客观来说,注视和眼跳被认为是眼动分析的重要两方面,能反映被试的视觉信息加工效率。以往对于注视的眼动研究较多,而对眼跳相关的研究并不深入。

　　眼球的运动不是连续的,是跳跃式的,在两次跳跃之间有一个相对静止的状态,一般称为注视。被试在注视的过程中,需要从信息材料中提取信息,理解注视内容,当对注视内容加工完成以后,就会出现下一次眼跳。眼跳是一种更自然、直接且不易受无关因素干扰的行为(齐冰,白学军,宋耀武,2007)。目前,眼跳研究已经成为视觉注意和工作记忆等认知加工能力的一种具有影响力的方法,它不仅可以用来研究视觉搜索、注意等基本认知过程,还可以作为认知控制等高级认知功能的有效指标(Sessau

& Bucci,2013)。正向眼跳(pro-saccade)是一种反射性眼跳,这种眼跳需要空间注意的整合作用,视觉编码和精确的目标运动程序,但对更高级水平的执行功能的需求则很少,这包括两个方面:一是感受外部刺激;二是快速将目光移动到目标刺激上,模拟了人类在日常生活中的探究性眼跳。

目前,在运动认知心理学领域对于眼跳特征研究的文章很少,而对于射击这样间接对抗的个人静力性、耐心性项目来说,运动员本身对于注意特征的要求也极高,我们尝试采用经典的正向眼跳研究范式,对被试视觉搜索过程进行翔实记录分析,探讨不同被试的眼跳特征,了解优秀射击运动员的认知加工过程,期待为相关的专项运动员认知眼动研究提供一定的参考和借鉴。

4.2 眼跳研究综述

眼跳研究是近些年来眼动研究的一个独特视角,相关的研究成果正处于快速增长期,还没有形成很好的研究述评。我们之前的文献综述只是介绍了基本眼跳知识,并没有对眼跳具体内容有详尽的描述,因此,我们认为非常有必要将眼跳知识进行一定的概括总结。

眼跳(Saccade)的功能是改变注视点,将我们视网膜最敏感的区域(视中央窝)对准下一个注视点。眼跳是眼睛在注视过程中改变注视点的过程,使目标点在视网膜上的映射落在中央窝附近,从而使想要看到的内容更加清晰。研究发现,在观看过程中,眼睛的注视过程是在观看对象的某一部分上停留一段时间,然后跳动到另一部分,形成一个一个注视点而不是一条连续的线。观察者通过眼跳来调整视轴,将感兴趣的刺激保持在视网膜的中央窝,以便进一步进行加工。

人类的许多视觉行为都依赖于眼跳,这种快速的眼动行为重新定位眼睛的位置,并且将感兴趣的刺激置于灵敏度最高的中央窝。在主动扫视过程中,每秒钟可能发生多次眼跳。利用眼跳,我们可以加工从视觉环境中获取的信息,并且搜索新的刺激源,也可以搜索到特定的目标。此外,眼跳还可以定位视野中显著的新事件。对视野中出现的新目标或事件进行眼跳的定位反应是一种刺激诱发(stirmilus-dicited)眼跳。眼动是一种眼球重新定位注视目标的运动,它们可以是有意识的,不过通常情况下是自动的无意识的。例如,一个人观看体育赛事,与人交谈,观看电视或者读书都需要大量眼动,而我们却没有察觉到。不仅是眼球的运动没有被察觉,而且视网膜图像的移动和注视的重新定位都没有被察觉到。

有研究表明,人类每秒要作3~5次眼跳,每天要进行约100 000次眼跳(Irwin, Carlson-Radvansky, Andrews, 1995)。可见,眼跳是视觉信息加工的重要形式之一。眼跳这种眼动系统是我们探索行为控制认知机制的有效途径(Hutton, 2008)。在一般知觉情况下,眼跳的移动距离通常不会超过20°。根据研究表明,眼跳的最大速度随着眼跳距离的增加而有所增大,此外,眼跳的持续时间也会随着距离的变化而变化。儿童眼动的特征和成人的眼动也是有不同的,儿童的眼跳潜伏期通常比较长。但是老年人的眼跳潜伏期相对于成年人来讲,会随着年龄的增加而增加。

眼跳的广泛研究开始于20世纪90年代,国外研究者对水平方向眼跳(正向眼跳、反向眼跳)的潜伏期研究已经很多,主要关注的是:Gap效应、急速眼跳、练习效应,注视和注意的作用方面。眼跳研究主要在正常人群和异常人群中展开,在异常群体中特别是以精神分裂症病人的眼跳研究最为突出。眼跳研究不但包括对正常人和双生子的基线研究以及对灵长类动物的研究,还包括对精神分裂症(schizophrenia)、亨廷顿舞蹈症(Huntington's disease)、重性抑郁症(Major Depression)、情感障碍(Affeetivedisorder)、自闭症(Autism)、帕金森氏病(Parkinson's disease)、阿尔茨海默氏病(Alzheimer's disease)等精神类疾病的研究。

国内的眼动研究却很少涉足眼跳模式的研究,对于眼跳的规律,眼跳的影响因素等更是知之甚少。国内对异常群体的眼动研究主要集中在对精神分裂症病人的探究性眼动研究上,并且已在临床上应用广泛。同时,对老年人和部分儿童的眼跳研究也有不少研究报道,例如,陈玉英(2007)对学习障碍儿童的眼跳进行了调查研究,结果表明,学习障碍儿童在自主控制眼跳中表现的异常和注意缺陷有关。学习障碍儿童他们的自主控制眼跳功能不强,存在一定的大脑结构性异常,分析认为,学习障碍儿童可能在PF、SEF、FEF和额叶—纹状体和额顶叶网络上存在一定缺陷。

眼跳一般可分为扫视眼跳和微眼跳两种形式,扫视眼跳(saccade),也就是一般意义上的眼跳,是和注视交替发生的,目的是将视线移到视野中感兴趣或重要的目标上,并在随后的注视过程中对该目标进行加工。而微眼跳是在注视过程中发生的眼跳,通常是小幅度、不自主的眼跳,也有研究者将它称为注视眼跳(fixational saccade),它的发生频率很低,振幅小。目前,有很多研究成果都证明扫视眼跳和微眼跳是同等类型的眼跳,有类似的神经机制,具有同源性。

系列眼跳是一种特定的眼跳计划模式,可能是单向性的(unidirectional),也可能指向多个方向(multidirectional),最终将视线集中于最后的目标。它普遍存在,对正常人来说,很多情况下都会产生,日常的阅读和图片扫描中一系列眼跳就是很好的例子(杨永胜,2008)。

根据眼跳研究的任务范式及已有的研究,我们可以把刺激物呈现条件对眼跳指标的可能影响因素归为三类:物理特性、时空特性、呈现概率。物理特性包括刺激的大小、亮度、维度等;时空特性包括刺激呈现与中央刺激消失之间的时间间隔、刺激呈现与中央刺激之间的离心率大小、刺激呈现位置距离中央刺激的方位;呈现概率即刺激呈现的概率水平。

4.2.1 眼跳的机制和理论

眼跳的机制有两个重要特点,其一就是弹射式控制(ballistic

control），就是中枢神经通过对外部刺激进行判断并发出信号，控制眼肌使眼球进行快速眼跳，而在眼跳过程中不再进行控制，只有在眼跳发生偏差时才会发出矫正的信号，如此反复直至注视点落在所要求的点上。第二个特点就是采样控制（sampling data control），即是中枢视觉神经系统在进行眼球运动控制时连续不断地对目标位置信息进行采样，并不断实时处理数据，并控制眼动跳到准确的位置。

对于眼跳的生理机制，通过损毁法和神经成像技术进行的有关研究，目前认为与眼跳有关的脑区主要包括后顶叶（posterior parietal cortex，PPC）、额眼区（frontal eye field，FEF）、背外侧前额叶（dorsolateral prefrontal cortex，DLPC）、基底神经节（basal ganglia，BG）、小脑（cerebellum，CB）和视上丘（superior colliculus，SC）等区域。其中，最主要控制眼动的区域位于前额叶区和额眼区，主要负责将视觉信息转换为眼跳指令，并通过上丘的投射来驱动眼跳。它和视觉的腹侧通路及背侧通路均有密切联系，与视觉目标的选择有关，负责视觉注意的外源性定位，使注意自动定位到突显物上，为眼跳提供目标位置信号。

Capter 于 1981 年提出了眼跳产生的"LATER"模型，并于 1995 年将之完善（如下图 3）。

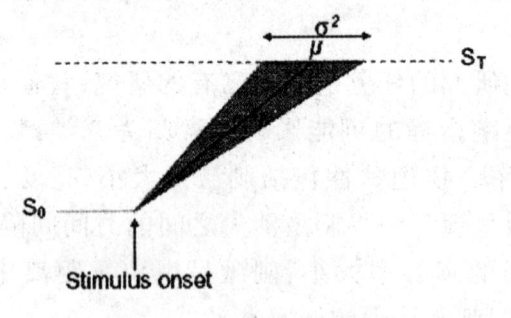

图 3 "LATER"模型

该模型认为，眼跳决策信号的产生是从基线水平 S_0 开始，以线性速率 r 不断加速，直到达到足以引发眼跳的阈限水平 S_T。其中，基线水平 S_0 是对目标呈现后，眼睛应跳向何方的预期，是一种眼跳行为发生的可能性。速率 r 取决于外界环境可提供的信息量。S_T 反映的是促成眼跳的一种动力。每次眼跳速度上升率是以平均数 μ 为方差为 σ^2 的速度随机呈现,从而导致了眼跳潜伏期的差异。同时,诸如期望、意图的激活水平也会影响眼跳水平的激活。

Fischer 和 Weber(1993)年提出的眼跳产生模型认为,眼跳之前有一个对目标定位处的"计算"(compute)准备过程。该计算过程会将观察者注意吸引到目标定位处,加速眼跳行为的执行。该模型强调眼跳的产生是注意转移的结果。

Schall 和 Hanes(1998)认为,眼跳的发动控制可分为两阶段:视觉信息加工的早期阶段,即神经系统时间、空间过滤器交互作用,对外在刺激信息进行整合;晚期阶段,是脑内认知选择神经机制进行眼跳决策,发动适宜眼跳。神经心理学研究表明,前额叶眼区在发动目的性眼动行为中起核心作用,副眼区的神经加工过程则负责监控眼动行为表现。

4.2.2 眼跳分类和研究范式

眼跳过程会受到一系列认知加工过程的影响,如注意、工作记忆、学习、决策等。眼跳中的认知作用体现在不同的眼跳任务中。由个体主动发起的,由观察者的行为意图、目的控制的眼跳称为内源性眼跳(如自主性眼跳、目标导向眼跳、记忆导向眼跳),由外源性刺激引起的眼跳称为外源性眼跳(如反射性眼跳、刺激导向眼跳),也称为刺激驱使性(stimulus driven)眼跳。通常,人们在进行不同的任务时,会灵活应用不同形式的眼跳。

一般来看,眼跳主要分为两类:自主控制眼跳(voluntary control of saccadic eye movements)和反应性眼跳(reactive saccadess)。自主控制眼跳主要包括反向眼跳(anti-saccades, AS)和记忆导向眼跳(memory-guided saccades / remembered saccades, MGS/RS),这种眼跳的产生是源自于大脑内部的指令,而非外界的刺激。反应性眼跳则是某个刺激突然出现所引发的不自主的眼跳,也称自发眼跳和视觉导向眼跳,它一般不受意识控制。

眼跳研究的常用范式是标准正向(朝向)眼跳和反向眼跳研究范式。正反向眼跳的基本情况见图4、图5,就眼跳的内部机制来讲,正向眼跳可以看成是外源性眼跳和内源性眼跳的合作模式,反向眼跳可以看成是外源性眼跳和内源性眼跳的竞争模式。眼跳的产生是一个"自上而下"与"自下而上"认知加工综合权衡的过程(Hutton,2008),观察者要同时整合与刺激信号有关的如信号位置、大小、亮度等"下"的信息,以及观察者的行为意图、对目标呈现位置的期望等相关"上"的信息,以完成完整的眼跳行为。

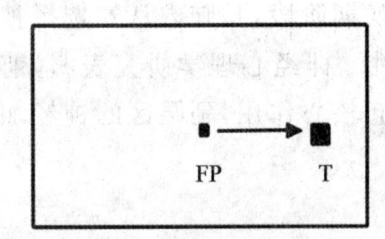

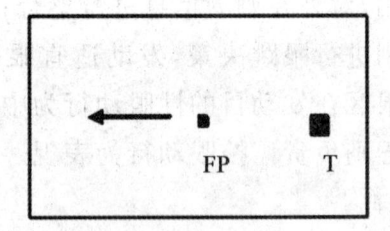

图4 正向眼跳示意图　　**图5 反向眼跳示意图**

注:FP表示中央注视点,T表示目标,箭头表示眼跳方向

一、正向眼跳

正向眼跳(pro-saccade)是一种视觉引导性眼跳,可以被定义为对侧边区域新异事件的自动朝向反应。标准正向眼跳任务即首先让被试注视中央的注视点,一段时间后,注视点消失,与此同时视觉刺激以随机序列在中央注视点的左侧或右侧呈现,要求被试对刺激做出快速的正确反应。正向眼跳范式可以测量受视觉注意自动转移影响的眼跳,是不受或很少受意识控制的反射性眼跳,这个任务包括两方面:一是感受到外部刺激,二是控制自己快速将目光移动到目标刺激上。正向眼跳模拟了人类在日常生活中的探究性眼跳,它只有最基本的眼跳执行环节,是一种自下而上的加工。当周边目标刺激出现时,将注意力重新定位到该刺激

上。该范式也是最简单和被最广泛研究的范式,研究中常作为其他形式眼跳的基准。这种眼跳需要空间注意的整合作用、视觉编码和精确的目标运动程序,但对更高级水平的执行功能的需求则很少。正向眼跳要求被试首先注视屏幕中心的注视点,当目标刺激出现时尽量快速地把目光转向目标刺激。

正向眼跳需要至少两步加工过程,即目标选择(target selection)和运动准备(motor preparation)。诸多研究表明,正向眼跳的加工过程主要是由上丘中的注视细胞(fixation cell)与运动细胞(movement cell)以一种相互抑制的方式所控制。正向眼跳的潜伏期较短,经常还包括快速眼跳(express saccade)。

正向眼跳是一种非常简单的视觉任务,类似于视觉搜索任务中的外源性眼跳,外源性刺激物本身的特征对于正向眼跳具有较大影响,这种影响主要通过影响被试的注意捕获而实现。刺激物的颜色、大小、方向、明度、深度等静态特征,以及突现、消失、运动等动态特征,包括空间位置、时间变量等都会对正向眼跳有所影响。

二、反向眼跳

反向眼跳(anti-saccade)实验范式是由 Hallett 于 1978 年提出来的。在反向眼跳任务中,首先呈现一个中央注视点(fixation point,FP),然后呈现一个视觉刺激(即目标,target)。被试首先需要持续注视中央注视点 FP,当外周视觉刺激出现后,要求被试不去看目标,而是要将注意力快速转移到外周目标相反的镜像位置,例如当外周目标出现在中央注视点的左侧时,被试必须要快速转移注意到右侧镜像位置。目前,反向眼跳经常用来检测抑制控制(inhibitory control)的有效性,它是一种随意性眼跳,需要对反射性眼跳进行抑制,同时还需要对镜像位置生成意志性眼跳,这是主要受中枢神经控制的自主性眼跳。

反向眼跳是受感觉驱动(sensorimotor)的内源性反应(covert response),需要自上而下的加工的参与,即需要意识的控制。它对高级水平的认知资源的需求增加,导致大脑活动模式的复杂性也相应提高,Dafoe等人(2007)提出,正确地做出反眼跳,首先要抑制自动的朝向目标的眼跳,接着向一个无刺激的位置组织自主眼跳。这样,刺激位置和眼跳目标位置是不同的。成功的完成一次反向眼跳需要更多的认知参与,加工反应的脑区和加工刺激的脑区相反,存在着对方向控制性加工和感觉驱动加工的分离(Joan,2007)。反向眼跳由于缺乏外在明显的眼跳目标参照物,是被试自主控制加工完成,自然也无法达到较高的眼跳精确度,甚至还会出现眼跳不足的情况。

有研究表明,在反向眼跳任务中,突然呈现的新异目标会引发较强的朝向推力,使眼跳朝着目标的方向。为了完成有针对性的反向眼跳任务,这种强烈的具有优势的朝向眼跳就必须被抑制。反向眼跳的产生包括了两个过程:一是抑制朝向目标的眼跳,二是主动产生一个与新异目标镜像位置的眼跳。正确反向眼跳除了要抑制朝向眼跳以外,还需要向其他方向重新计划眼跳,这样的加工过程必然会导致正确反向眼跳的潜伏期相对较长。正确反向眼跳潜伏期的增加通常被认为是因为增加了抑制优势性朝向眼跳的额外过程,以及为了实现反向眼跳的协调性而进行的空间转换,这些过程都需要耗费大量时间(Olk & Kingstone,2003)。

在眼跳任务中,反向眼跳与朝向眼跳的潜伏期之差被称为反向眼跳代价,反向眼跳代价主要体现了抑制过程(反应—抑制的强度、平衡性,认知控制中的抑制成分),行为抑制过程可以用反向眼跳和朝向眼跳的潜伏期之差(即反向眼跳代价,antisaccade cost)作为指标。

目前,反向眼跳的理论研究较为关注的是额叶抑制假说(assumption of the frontal inhibition),即制止错误的朝向目标的眼跳发生的一个假设机制。反眼跳任务的神经机制的研究探索中,Eenshulstra等(2007)具体分析了反向眼跳的神经环路,指出共有三个系统参与反向眼跳:基本的眼跳注视系统,在眼跳开始前对干扰物进行抑制,主要负责脑区位于 SC(上丘);计划性眼跳发动系统,该系统一方面计划、运算眼跳,另一方面抑制不正确的眼跳,负责脑区主要在眶额叶皮层(FEF);选择性抑制系统,负责脑区有背外侧前额叶皮层(DLPC)和基底神经节(BG)环路。这表明反眼跳任务区分被试抑制能力具备生理基础(田静,2009)。

很多研究者用眼跳程序的并行特性来解释反向眼跳中的眼跳行为,刺激出现导致外源性朝向眼跳和内源性反向眼跳之间的竞争,错误的朝向眼跳和正确的反向眼跳之间存在竞争,他们认为反向眼跳错误源于无法快速激活正确反应(Reuter&Kathmann,2004)。Munoz 等(2004)提出在两种决定信号竞争中,如果产生朝向目标眼跳的加工不是特别弱,随着其达到眼跳激活阈值可能性的增加,眼跳错误就会发生。Massen(2004)认为如果内源性因素引发的反向眼跳在达到某种激活阈限后被快速计划,那么它就赢得了竞争,朝向眼跳就被取消;反之,会先产生朝向的错误眼跳,而后产生正确的反向眼跳。

多项研究都表明,眼跳抑制的丧失和人类很多精神疾病有着密切关联。反向眼跳任务可以作为一种皮层和皮层下疾病的诊断工具。自主控制眼跳可以用来考察调控眼跳的大脑区域以及反应抑制(response inhibition)、空间工作记忆(spatial working memory)等能力,为探讨大脑的高级认知功能提供依据。反向眼跳的范式已经被广泛应用于探索自主性眼动的过程和不适当行为的抑制过程。反向眼跳实验范式运用较多的研究领域有精神分裂症、注意缺陷多动症(ADHD)和学习障碍等各种脑功能失调的患者,此外它也被应用于研究孤独症、帕金森症、老年痴呆症、唐氏综合症和亨亭顿疾病(HD)等,研究者可以充分了解其眼动特征,建立常模,从而尽早进行鉴别和筛选,以便及时进行干预和补救。例如,Goldberg 等人运用零反向眼跳等实验任务,对 11 名高功能孤独症(high functioning autism,HFA)青少年和正常青少年进行研究,中间注视点持续时间 1500~4500ms 后消失,随后外周目标在两侧 10°、15°、20°的位置随机呈现 2250ms。调查发现在反向眼跳任务中，HFA具有更多的方向性错误，这表明HFA儿童和普通儿童相比，他们的视觉运动功能存在反常，HFA儿童可能在背外侧前额叶皮层和额叶眼动区存在损伤（可能还包括神经中枢、基底核和顶叶）。

三、正向眼跳和反向眼跳的关联

眼动系统可以作为研究个体灵活控制行为的良好模型，且通过对眼跳任务诸多指标的考察，可以使我们更了解眼跳的生成过程。正向眼跳任务和反向眼跳任务都可以检验个体对行为的灵活控制情况，因为在这两种任务中，相同的刺激可以用来激发不同的行为。很多研究采用这两种任务比较刺激驱动反应以及意志性反应，从而让人们更加了解眼动系统和它的神经控制，同时在临床上也有很多研究应用这两种任务考察病人与正常个体之间某些指标上的差异，以判断分析病人是否在感知运动加工和认知功能上存在缺陷。正向眼跳是视觉触发的一种眼跳眼球运动，是指个体的注视因突然出现的刺激而从注视点转移到该刺激上的动作。而反向眼跳则需要个体注视刺激呈现位置的对侧，要完成反向眼跳任务，则需要个体抑制对刺激的自动朝向反应。

正向眼跳任务更多的是刺激位置和眼跳目标之间直接的感觉—运动对应，这种任务诱发的眼跳是受视觉注意自动转移影响的眼跳，是一种朝向反应，相对反向眼跳任务而言，对高级水平的执行功能需求很少。个体要完成正确的反向眼跳任务首先必须抑制朝向刺激的自动眼跳，然后对不存在刺激的位置生成一个随意性的反应动作，它对高级水平的认知资源的需求增加，因而表现为其正确眼跳的潜伏期、修正眼跳潜伏期会比同种水平下的正向眼跳来得长，且更容易出错。同样，由于个体对正向眼跳任务做出反应时，刺激呈现的位置是存在的，而在反向眼跳任务中，被试在抑制因目标刺激引发自动朝向反应的同时还要对不存在刺激的目标刺激镜像位置生成一个随意性的反应，因而其眼跳的幅度和眼跳幅度增益和正向眼跳幅度、幅度增益就会存在显著差异,反向眼跳比正向眼跳的幅度、幅度增益要大很多。

在眼跳研究中有三种实验变式,即重叠(Overlap)范式、零(Step)范式和空白(Gap)范式。如果目标刺激出现时,中央注视点仍在,则为重叠范式;如果目标刺激出现时,中央注视点已经消失了一段时间,则为空白范式;如果目标刺激出现的同时,中央注视点正好消失,则为零范式。而通过改变注视点消失和目标刺激呈现之间的时间参数又延伸出了三种眼跳研究的任务变式:Overlap范式、No-gap范式、Gap范式。三种范式的区别在于,注视点消失以及目标刺激呈现之间的时间间隔存在差异,在Overlap范式中,目标刺激呈现的过程中,注视点是不消失的;在No-gap范式中,注视点消失的同时目标刺激呈现;在Gap范式中,目标刺激是在注视点消失一段时间后才呈现的。

延迟眼跳(Delayed prosaccade)即在刺激信号出现后,不要求被试马上进行眼跳,而是在一定时间间隙后,在眼跳向目标定位处,该任务可以研究抑制控制,被试早动的百分率可以反映出抑制问题的严重程度。记忆导向眼跳(Remembered saccade)则是在一定时间间隔后,以声音或其他方式提示被试眼跳向记忆中刺激信号出现的位置,这时是不出现眼跳信号的。该任务范式可考察被试对眼跳分心物(不同的外围视野刺激或对目标线索的反射性眼跳)的抑制及在一段时间内记住目标空间定位的能力。与基线水平的眼跳相比,它的特点是潜伏期延长,峰速度降低。预测性眼跳(predictive saccade)要求被试的眼睛移向事先要求记住的区域,而此时先前呈现的视觉目标刺激已经消失。

Ettinger等(2005)采用磁共振成像(FMRI)考察了朝向眼跳和反向眼跳的神经基础,研究结果发现朝向眼跳的精确性与右侧小脑叶的灰质数量成正相关,反向眼跳的正确率与位于眶额叶前方的右额中回的灰质数量成正相关,朝向眼跳与反向眼跳的差别在于:反向眼跳要抑制住对优势的突现刺激的反应,涉及前额叶皮层;反向眼跳要编码与突现刺激相反方向的准确位置,涉及眶额叶等;反向眼跳要把对刺激的感觉输入转化成自主性眼跳,又涉及额顶叶网络(王荣,2009)。

4.2.3 眼跳研究具体参数指标

有研究者将眼跳定义为:当眼跳速度大于等于30°/S并且加速度大于等于8000°/S时,即为眼跳发起。眼跳的剔除标准为:眼跳幅度小于2°或眼跳潜伏期小于80ms。一般研究将反应时为0~90ms的眼跳定义为早期性眼跳(Anticipatory saccade),也称过早眼跳(Early saccade)或不成熟眼跳(Premature saccade),多为内源性眼跳;反应时为90~135ms的眼跳定义为快速眼跳(Express saccade);反应时为135~250ms的眼跳定义为常规眼跳(Regular saccade);反应时在250ms以上的定义为长时眼跳(Long saccade)。

查阅相关的文献资料,定量分析眼跳运动的指标包括眼跳正确率(accuracy)、眼跳潜伏期(saccade latency)、峰速度(peak velocity)、眼跳幅度(size/amplitude)以及眼跳持续时间(duration)和校正时间(correction time)等(陈玉英等,2008),其中眼跳正确率、眼跳潜伏期是比较常用的指标。正确率越高,说明眼跳认知加工越好,眼跳潜伏期越短,则说明抑制控制功能效率更高。

眼跳潜伏期(saccade latency),是指从外侧目标刺激呈现到被试做出第一次眼跳之间的时间间隔,能够反映被试的眼跳计划和执行能力,包括信息的传入、传出所需的时间和由所经通路的复杂程度决定的中枢加工时间,在眼跳潜伏期中视线保持在注视点范围内,而在注视的过程中,至少发生了两个加工过程:一是对中央窝视野中的目标进行分析并对边缘视野中的目标做眼跳定位;二是为下个眼跳做好准备。包括正确方向的眼跳潜伏期和错误方向的眼跳潜伏期。错误眼跳潜伏期反映了抑制眼跳神经能力的高低,潜伏期越短,说明需要抑制眼跳细胞的能力不足,则抑制控制效率越低(Munozetal,2004)。利用错误眼跳峰速度可以评估动机调节能力，当已经发起一个错误眼跳时，更低的峰速度代表减少这个错误的努力，抑制控制能力更强(Jazbecetal,2005)。

眼睛从一个注视点转移到另一个注视点，眼动速度不断发生变化，眼动速度不仅反映了眼睛移动的快慢，也反映了眼睛运动状态的变化，它是描述眼跳的一个关键变量。当注视点从一个空间位置移动到另外一个空间位置时，眼睛运动速度变化包含了两个过程：制动(加速)过程和减速过程。眼睛从静态开始加速制动，当达到某个最大速度后，眼睛开始减速并最终达到零，停留在期待位置。速度曲线的形状类似于弹道曲线，因此，两个注视点之间的眼动过程也被称为眼动弹道抛物轨线(eye ballistic trajectory)。在整个速度变化过程中，存在一个速度的最大值，称为峰速度(peak velocity)。

有些眼跳指标的筛选需要根据实验的目的和要求来选取，有些指标的选用并不多见，包括先期性眼跳、急速眼跳、侵入性眼跳等，我们大体归纳出眼跳研究所包括的几个方面：

1. 首次眼跳方向错误率(direction error rate)，是指目标刺激出现后，被试所做的第一次方向错误眼跳次数占第一次眼跳总次数的百分比。可以看到，正向眼跳的错误率低，反向眼跳的错误率高。眼跳方向错误率能够反映出被试对眼跳的自主控制能力，是考察被试行为抑制功能的重要指标。

2. 正确方向眼跳潜伏期，是指目标出现到被试做出正确眼跳的时间间隔，反映了被试发动任务要求的眼跳所需要的准备时间。可以预期，反向眼跳的眼跳潜伏期要长于正向眼跳的眼跳潜伏期。

3. 错误反向眼跳潜伏期，是指目标刺激出现到被试做出反向错误眼跳的时间间隔，一般体现在反向眼跳中。

4. 首次眼跳幅度，目标刺激出现后，被试第一次眼跳的眼跳落点距离屏幕中心的距离，包括正确眼跳幅度和错误眼跳幅度。首次正确眼跳落点是指在目标屏出现后，被试所做出的首次方向正确的眼跳落点与屏幕中心的距离,一般是以视角计。

5. 眼跳幅度,被试离开中间位置开始第一次眼跳到被试按键反应之间的眼跳总距离。反向眼跳中可能会出现折向的距离问题,距离算总和。

6. 首次眼跳速率峰值(saccade Peak velocity),被试所做的第一次眼跳的速率峰值,眼跳以 ms 为单位进行记录时的最快速度(单位:°/s)。

7. 错误眼跳的纠正时间,指做出错误的眼跳以后,被试向正确注视位置开始眼跳的时间间隔,可以反映出被试对错误反应的控制和纠正能力。

8. 修正眼跳正确率,主要体现在反向眼跳任务中,目标出现后,被试首次眼跳出现方向错误后,第二次眼跳对方向做出修正的眼跳次数占总方向错误眼跳次数的百分比。修正眼跳率越高,说明被试能快速有效对错误眼跳进行调整,他们的抑制能力越强。修正眼跳率低于 50%,可以认为被试没有很好理解认知加工任务,其作业成绩一般不能被采纳。

9. 眼跳的注视次数,是指离开中间位置的第一次眼跳开始到快速按键反应结束所注视点次数。

10. 眼跳总时间,从离开中间位置的第一次眼跳到按键反应之间的眼跳持续时间。

4.2 研究对象与方法

4.2.1 研究对象

从某省级专业射击队选取射击运动员 21 人作为运动组,运动级别为健将、国家一级、二级以上,从普通高校选取普通大学生 32 人作为对照组,所有被试的视力或矫正视力正常,无色盲,年龄均在18～23岁之间。

4.2.2 研究方法

4.2.2.1 实验设计

本实验采用2(目标位置:5°、10°)×2(组别)的混合实验设计,目标位置为被试内变量,包括近(5°)和远(10°)的左右两个视角水平。组别为被试间变量,包括运动组、普通组两个组别。左右目标位置是随机呈现,按照每种实验条件最低5次的标准,我们的正式实验为20次,练习中每种条件均出现一次,开始阶段有4次练习,被试基本按照要求完成,确定无误后开始正式实验。

4.2.2.2 实验材料

本研究的实验材料均为灰底图片,像素均为1924×1082。开始阶段,图片材料中间呈现十字形注视点,大小是0.5°(12 Pixels)。外周有左右5°、10°(视角)的四个圆圈,刺激圆直径为0.4°(10 Pixels),呈现角度为左右水平的5°、10°,整体背景为灰色。实验材料为Photoshop软件加工的图片,通过我们的技术编程,在Tobii公司自带软件中按照时间程序依次呈现图片材料。

4.2.2.3 实验设备

研究采用瑞典Tobii公司的专业眼动仪TX300,显示屏是23英寸大小,分辨率为1920×1080,采样频率是300赫兹。被试眼位与屏幕中心等高,距屏幕63cm,实验环境采用低度照明,一台计算机向被试呈现刺激材料,另一台监控和记录实验过程。

4.2.2.4 实验过程

每个被试分别进行实验室测试,采用一对一的方式进行。实验室除一名主试和被试以外,无他人。正式实验前,耐心为被试讲解实验规则和要求,进行熟悉键盘练习,然后用 Tobii 自带的眼动校准程序对被试进行眼校准,要求被试尽量保持头部不动,将某一势力手放到空格键上,看到反馈点出现后快速按键反应。如果被试提前按键,会有声音警示。

校准结束后出现实验指导语,开始练习,在受试者正确理解指导语和实验要求后进行正式实验。中间有一次休息,整个实验约持续 5～10 分钟。正式实验中,主试不提供任何帮助、指示,只是起到监督作用。实验结束后,被试都会收到一定的物质奖励。

实验具体过程如下:1. 屏幕中心注视点为黄色十字,呈现时间 1500ms,要求被试注意力始终关注在中心注视点位置。2. 中心注视点变为绿色(呈现 500ms),表明接下来会是正向眼跳任务。3. 外周蓝色目标刺激快速呈现,呈现的角度为随机的左右 5°、10°,呈现时间为 600ms(同时中间注视点消失)。4. 目标与反馈点的间隔时间,1500ms～2000ms 随机(屏幕上只剩下四个圆圈),提醒被试快速转移注意力到即将出现反馈点的位置等待。5. 黑色反馈点出现后,要求快速按空格键反应,按键的同时黑屏。如不按键反应,3000ms 后屏幕自动变为黑屏。6. 黑屏时间为 2000ms 后,随后进入下一个实验。具体流程见下图(图 6)。

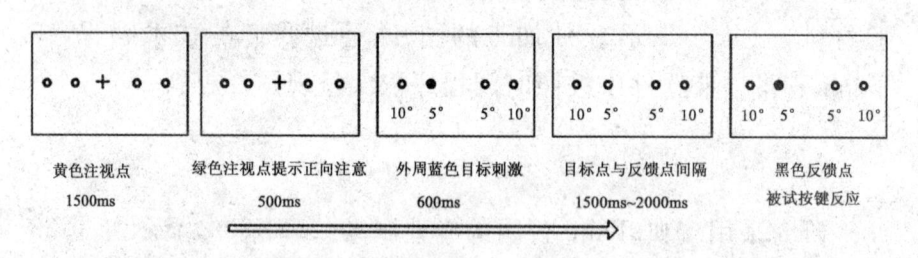

图 6 正向眼跳具体流程图(以外周目标呈现视角 5°为例)

4.2.2.5 数据处理与分析

本研究的数据采集是采用北京津发科技股份有限公司的 ErgoLAB 人机环境同步平台眼动模块,该平台搭载 Tobii TX300 型眼动仪,能全面整合和处理各项眼动数据。实验过程中,被试正反向眼跳的正确率通过 ErgoLAB 软件的视频回放功能来分析。眼动的原始数据由 Tobii TX300 自带的眼动记录设备采集，每个被试自动生成一个数据文件，通过 ErgoLAB 软件对原始眼动数据和反应时进行整理，最后利用 SPSS 18.0 软件对实验的各项指标进行统计分析。

4.3 研究结果

借鉴以往的研究成果，结合本实验的要求，我们对所有被试的眼跳行为指标和眼动数据进行有效筛选，确定的无效数据具体标准有：1. 外周目标出现时，被试的注视点并没有停留在中央注视范围内。2. 首次眼跳在屏幕之外。3. 首次眼跳潜伏期低于 80ms 或高于 600ms（借鉴以往的研究标准）。4. 测试过程中被试的大多数眼动数据丢失。5. 被试的正向眼跳正确率低于 85% 的试验。根据上述标准，以及某些客观原因所造成的数据流失（如头部大幅度移动等），经过认真的分析处理，最后运动组保留的有效数据为 18 人，普通组为 28 人。

4.3.1 正向眼跳的眼跳正确率和一次性到位率

眼跳正确率是指在外周目标出现后，被试做出的首次方向正确眼跳占首次眼跳总次数的百分比。我们将所采集的数据进行归纳整理（表5），对两组被试的正确率进行独立样本 T 检验，两组被试差异显著（$F=10.496, P<0.05$），运动组的整体正确率要高，说明在正向眼跳正确率方面，运动组的总体正确率更好。

一次性到位率是被试在察觉到外周目标刺激出现后，能快速而准确地将注视点一次性转移到对应的另一侧占总次数的百分比。两组被试的一次性到位率上差异显著（$F=0.008, P<0.05$），运动组有较好的一次性到位率。进一步展开分析，在视角为 5°的近端刺激条件下，两组被试的一次性到位率上高度显著（$F=0.024$,

P<0.01)。另外,对所有被试的偏心距进行配对检验发现,偏心距效应对于被试的一次性到位率具有显著影响(T=-7.051,P<0.01),差异高度显著。偏心距增加,一次性到位率降低。

表5 两组被试正确率的描述统计(%)

组别	运动组		普通组	
	M	SD	M	SD
总体正确率	99.4133	1.7102	97.8486	3.4669
总体一次性到位率	61.6356	16.6087	49.4996	18.0023
远端正确率	99.444	2.357	97.8175	5.0555
远端一次性到位率	43.1944	24.522	37.6986	23.875
近端正确率	99.3056	2.9463	97.8175	4.2603
近端一次性到位率	80	18.471	61.3096	20.3293

4.3.2 正向眼跳的眼跳指标

针对以往的眼跳研究成果,结合本研究的实验设计,我们选取了眼跳潜伏期、注视次数、首次眼跳幅度、最后注视点开始时间等多个指标(表6)。对运动组和普通组被试所有眼跳指标进行独立样本T检验,发现在近端数据比较中,两组被试在注视次数上差异显著(F=0.691,P<0.05),在眼跳总幅度上差异高度显著(F=3.52,P=0.067)。远端所有数据差异不显著。

另外,对所有被试的眼跳数据进行配对样本T检验,所有远近目标的差异都是高度显著,距离越远,注视次数增加,注视总时间、第二眼跳时间和最后注视点开始时间增加,眼跳潜伏期增加,首次眼跳幅度和眼跳总幅度增加。

表6　正确正向眼跳的数据统计

指标	角度	运动组	普通组
眼跳潜伏期(s)	10	0.3519±0.0551	0.3385±0.0683
	5	0.3326±0.0637	0.3179±0.0553
注视总时间	10	2.7846±0.0679	2.7623±0.1004
	5	2.7559±0.0708	2.7227±0.0744
注视次数	10	2.7085±0.3642	2.7869±0.3172
	5	2.2901±0.3002	2.7227±0.0744
首次眼跳幅度(°)	10	9.0945±1.017	9.2311±1.1366
	5	5.0578±0.3535	5.0984±0.4956
眼跳总幅度(°)	10	10.3896±0.3343	10.6159±0.584
	5	5.4321±0.3353	5.7347±0.6163
最后注视点开始时间	10	0.5967±0.1894	0.6194±0.1779
	5	0.4728±0.1443	0.5609±0.1935

4.4　讨　论

认知心理学的兴起使越来越多的心理学家以眼动为指标探索人类心理活动的奥秘。眼动分析法提供了人在进行心理活动过程中的眼球运动数据，人们可以借此对人的心理活动进行精细分析。眼动研究法是认知心理学研究中的重要方法，具有无损伤、生态化的特点，正向眼跳研究一般用来研究眼跳任务的基准，本研究尝试引用标准的正向眼跳实验范式，了解运动组、普通组在认知加工过程中的异同。

由于目前眼动实验理论基础不够完善，单一的眼动指标无法全面准确地说明实验者想要发现的问题，所以在实验中根据实验任务不同，实验者也会根据自身需要采用其他眼动指标，如首次注视时间、第二次注视时间、回视时间、再注视比率等等。每种眼动指标都有一定的适用范围,研究目的不同所采用的眼动指标也会发生变化,研究者在实验设计时需要考虑采用合适的眼动指标。同时,单一的眼动指标很难全面地反映问题,研究者需要提取多种眼动指标综合分析,以达到更准确说明问题的目的。另外,由于错误正确眼跳的数据太少,因此我们对这些数据不进行分析。

4.4.1 认知行为指标讨论

认知心理学认为,人类在预判过程中的速度和准确率反映了大脑信息加工的速率。本研究的实验设计是对即将出现靶子位置的提前判断准备,主要是考察被试眼动的视觉搜索过程,眼跳任务比较简单,因此我们主要涉及对正确性的考察。正向眼跳任务是一种自动朝向的反射性眼跳,可能涉及了需要意志参与的行为计划过程,但是并不依赖这一过程,该任务是刺激位置和眼跳目标之间直接的感觉——运动对应。可以看到,由于正确眼跳牵涉到的认知难度较小,被试的正确率始终保持在一个较高的水平,都能比较准确地完成视觉搜索任务,运动组的正确率更高。从一次性到位率比较来看,两组被试差异显著,运动组的一次性到位率明显好于普通组,这也充分说明运动组除了能正确完成视觉追踪以外,还能进行更精确的视觉定位,有超过一大半的运动组能用一个注视点完成视觉定位,说明他们的视觉精确性更高。

同时,对远近目标的偏心距效应比较来看,被试远近目标的一次性到位率差异显著,距离中央位置越远,一次性到位率明显降低,说明被试很难形成一次性注视精准到位,但是正确率上没有明显变化,因为远近目标的正确率一直保持在很高的水平上。

注视总时间是从视觉图片呈现到被试按键反应黑屏这段总反应时,由于正向眼跳任务比较简单,被试都能较快找到靶子即将出现的位置,在最后注视点上等待靶子出现后快速按键反应。靶子出现时间是固定的,被试早已将注视点转移到位,注视总时间更多的是简单的按键反应时,因此所获得的速度并不是重要的评定标准。可以看到,两组被试的差异并不显著。射击运动组和普通大学生在简单的按键反应时方面没有体现出差异。

4.4.2 注意模式探讨

注意模式是被试在完成实验过程中所采用的信息搜索方式,包括对材料的注视次数,被试的眼跳距离以及连接各个注视点所组成的注视轨迹等方面。而有研究者认为,眼跳研究可以分解为三个因素:时间(什么时候开始)、方向(向左还是向右)和空间距离(多大角度)。时间因素包括眼跳潜伏期、眼跳总时间,错误眼跳纠正时间等,方向因素有错误率和一次性到位率,空间距离包括首次眼跳幅度、眼跳纠正幅度和眼跳总幅度等。以下我们分为几个方面讨论。

注视次数是被试在完成视觉搜索过程中的所有注视点之和。注视次数越少,反映了对注视区域的选择越少。可以看到,运动组的注视次数要少于普通组,尤其是在近端5°位置,两组差异显著,运动组还有超过一半以上的一次性到位率,在2个注视点完成视觉定位,准确精确性更高,加工效率也更高。

眼跳潜伏期是外周目标出现开始到被试发动首次眼跳之间的时间。正向眼跳更多的是受感官刺激的驱动,可能不存在决策时间或者决策时间是最小化,因此眼跳潜伏期通常都是简短的,其中还包括急速眼跳。远近目标的眼跳潜伏期差异显著,外周目标距离中央注视点越远,被试的眼跳潜伏期也越长。相对而言,运动组的眼跳潜伏期要更长(差异并不显著)。

最后注视点开始时间从被试在完成视觉搜索过程中的一个重要时间指标,结合本研究的实验设计,我们认为可以看作是被试视觉眼跳任务的反应时,是被试完成认知任务的一个重要评价指标。可以看到,运动组的整体指标要好于普通组,射击运动员的最后注视点开始时间要早于普通大学生,但差异还没有达到显著水平。目标远近的差异显著,这个不难理解,因为距离越远,被试需要更多时间的视觉定位。

首次正确眼跳距离、眼跳总距离都是被试完成正向眼跳任务的空间维度,可以看到,远近目标位置对于被试的眼跳距离有着显著影响,距离越远,被试也需要更长的眼跳距离来完成视觉搜索。总体来看,运动组的眼跳距离更少,两组被试数据只是在近端眼跳总距离上差异接近显著,正向眼跳任务比较简单,只是开展其他认知任务的一个基础,运动组和普通组在认知眼跳上的具体差异比较,也需要在随后的研究中得到进一步的展开。例如,某些被试正向眼跳的总幅度很长,注视点也较多,但没有错误,原因是被试在先前注视到位以后,并不太自信,还是在远近目标之间来回跳跃,所以眼跳总距离会较长,注视次数较多,这些情况在普通组中表现不少。

从诸多文献资料分析中我们发现,不同的眼动指标具有不同的信息加工特征。有研究表明,视觉搜索过程可分为启动、扫描和确认三个子阶段,每个阶段反映了搜索过程中一段假定独立的阶段(Castelhano,Pollatsek & Cave,2008)。我们结合所采用的眼动指标,也可以这样划分:

(1)启动阶段。启动阶段主要采用首次眼跳潜伏期作为测量指标。首次眼跳潜伏期指从外周目标呈现到被试发起首次眼跳之间的间隔,可以用来识别场景和计划下一个注视位置的时间。

(2)扫描阶段。扫描阶段是指从首次眼跳开始(搜索启动阶段)到最后注视点开始的时间间隔,反映了实际的搜索过程。目前主要可选取的指标包括:1)注视总时间,从首次眼跳开始到最后注视点开始的时间间隔,反映了实际搜索的具体时间。2)注视次数:搜索过程中所有注视点的次数之和。3)眼跳总幅度,是指眼睛从首次眼跳开始到注视点落到目标上的所有眼跳的空间距离。它反映了被试视觉搜索的空间距离,是信息加工过程的具体方位体现。

(3)确认阶段。确认阶段主要指最后注视点开始到靶子出现后,被试按键反应黑屏的这段时间。本实验过程中靶子出现的时间是在一定范围内随机呈现的,而最后注视点开始时间是我们所选取的重要指标。最后注视点开始时间短,说明被试能较快完成视觉搜索确认,加工效率较高。

  我们认为,眼动这些指标的选取,是在参考了相关的研究成果,结合运动自身特点、眼动采集数据的便利等多方面所选取的,只有将以上几个方面的讨论进行紧密结合,才能对被试信息加工的过程从眼动分析的角度进行全面、合理的探讨。正向眼跳任务的大部分眼动指标差异并不显著,并不是我们选取指标不好,主要原因是认知任务要求太简单,并不能很好的体现专家的认知加工优势,需要在随后的实验中得到进一步验证。

4.5 结 论

  4.5.1 研究发现,运动组的正向眼跳正确率和一次性到位率高于普通组,差异显著,射击运动组的正确率更高,一次性到位率也更好,说明他们的认知加工效率更高。

  4.5.2 随着目标偏心距的增加,被试的眼跳潜伏期增加,一次性到位率下降,最后注视点开始时间、注视次数、眼跳幅度增加,具有明显的偏心距效应。

  4.5.3 近端位置的正向眼跳任务中,运动组的注视次数、眼跳总距离要明显少于普通组。

5 研究三 射击运动员的反向眼跳研究

5.1 前言

眼跳(saccades)是眼球在注视点之间产生的跳动,是由位置信息引导的一种非连续、阶跃式的快速注视转移,个体通过眼跳来调节视轴,快速转移注视点,实现对视野的快速搜索和刺激信息的选择,将需要注视的对象保持在视网膜最敏感区域——中央窝附近,通常表现为眼球的注视点和注视方位的突然转变(王敬欣,2010)。眼跳研究已经成为研究视觉注意和工作记忆等认知功能的有效方法。

眼跳一般分为反射性眼跳和自主性眼跳,又称正向眼跳和反向眼跳。正向眼跳是指被试对突然出现的新异刺激做出的眼跳反应,这种对新异目标的知觉是无意识的,是一种自上而下的加工。反向眼跳是指被试在符号线索或者指导语的基础上做出的眼跳反应,是个体自主发起的、受个体自身因素影响,是一种自上而下的加工,需要有意识参与。反向眼跳任务的经典实验范式是Hallett(1978)提出来的,要求被试首先盯住屏幕中心的注视点,随后一个外周目标出现在注视点的左边或者右边,要求被试不去看目标,而是看向目标相反的以注视点为中心的对称镜像位置,这是研究行为控制及注意功能的有效范式。由于反向眼跳涉及反应抑制这一重要的认知功能,研究者近些年来对于生理或者心理缺陷的个体研究开始逐渐出现,包括ADHD、学习障碍、自闭症、抑郁症、额叶损伤等患者。同时,在认知发展研究领域,通过反向眼跳任务对儿童、青少年和老人等特殊群体的知觉、注意和记忆等心理过程以及其深层的心理机制展开深入探讨,了解优势反应抑制的年龄差异。由于我国眼动研究起步较晚,这方面的研究相对比较匮乏,所选取的各种分析眼跳的指标也存在着一定的争议。在运动心理学领域,关于运动员眼跳的研究很少,尤其是在闭合性的项目中少有记载。

射击运动员在训练比赛的过程中,需要长期集中注意力在靶子中心位置,排除外界环境的干扰以及克服内心情绪的波动,同时,正确使用和调节自己的注意力分配点,及时和恰当地将注意力分配在射击过程中的各个环节,"适当放大瞄准区""注意回收"。可以认为,射击的过程需要有外源注意和内源注意的转换,是正向眼跳和内向眼跳的结合,尤其是关注反向眼跳的自我调整控制能力,是反映运动员水平高低的重要方面。我们预期,射击运动员的自我抑制控制能力要更强,更能有效控制注视焦点,较好完成有一定认知压力的任务。本研究采用经典的反向眼跳水平双侧呈现范式,结合田静(2011)、卜晓艳(2010)等文章中的偏心距和反馈点设计,通过分析两组被试反向眼跳的正确率和眼动仪记录的各种数据指标,了解不同组被试对眼跳的自主控制能力,探讨优势反应抑制的差异,期待为相关的运动认知研究提供一定的参考和借鉴意义。

5.2 研究对象与方法

5.2.1 研究对象

从某省级专业射击队选取射击运动员21人作为运动组,运动级别为健将、国家一级、二级以上,从普通高校选取普通大学生 25 人作为对照组,要求所有被试视力或矫正视力正常,无色盲,近视者在实验过程中佩戴普通眼镜,不佩戴隐形眼镜。年龄均在 18~23 岁之间。

5.2.2 研究方法

5.2.2.1 实验设计

本实验采用 2(目标位置)×2(组别)的混合实验设计,目标位置为被试内设计,包括近(5°)和远(10°)的左右两个视角水平。组别为被试间设计,包括运动组、普通组两组。由于是左右随机呈现远近的外围刺激目标,按照每种条件最低 5 次的标准,我们的正式实验为 20 次,练习 4 次。

5.2.2.2 实验材料

本研究的实验材料均为灰底图片,像素均为 1924×1082。开始阶段,图片材料中间呈现十字形注视点,外周有左右 5°、10°(视角)的四个圆圈。中心注视点大小为 0.5°(12 Pixels)。外周的刺激圆直径都是 0.4°(10 Pixels),呈现角度为左右的 5°、10°,整体背景为灰色。实验材料为 Photoshop 软件加工的图片,由 Tobii 公司自带软件按照时间程序依次呈现。

5.2.2.3 实验设备

本实验采用瑞典 Tobii 公司的专业眼动仪 TX300,实验的显示器为 23 英寸,分辨率是 1920×1080,数据传输率是 300 赫兹。被试眼位与屏幕中心等高,距屏幕 63cm,实验采用低度照明环境,一台计算机向被试呈现刺激材料,另一台用于主试监控和记录实验数据。

5.2.2.4 实验过程

每个被试单独进行实验室测试。在完成实验前的指导工作

5 研究三 射击运动员的反向眼跳研究

及按键练习等准备工作以后,用 Tobii 自带的眼动校准程序对研究对象进行眼睛校准。校准结束后开始呈现指导语和练习材料,在受试者正确理解指导语和实验要求后开始正式实验。整个实验约持续5~8分钟。

为减少被试由于键盘操作不熟悉以及对任务要求不明确等因素所造成的实验结果不准确,保证眼动仪正常的记录,在正式实验开始之前需要对每名被试进行一次熟悉键位和程序的练习实验。

指导语:"你好!欢迎你参加该实验,实验开始前请认真阅读本指导语。这是一个关于注意力集中及转移的小测验,请按照要求进行实验。我们首先需要将注意力集中注视在屏幕中心的黄色注视点(十字架),当注视点的颜色变成红色时,表明线索反向。当红色目标刺激出现在外周四个圆点位置时(同时注视点消失),尽量又快速、又准确地把目光转向红色目标所对应的反向(镜像)位置(持续关注)。随后,目标刺激处会出现灰色的反馈点,再黑屏。一段时间后,进入下一个练习。整个实验大概需要几分钟,请你认真完成任务。如有疑问,请向主试示意。"

实验过程如下:1. 屏幕中心注视点为黄色十字,呈现时间 1500ms。2. 中心注视点变为红色(呈现 500ms),表明接下来是反向眼跳任务。3. 外周蓝色目标刺激快速呈现,呈现的角度为随机的左右5°、10°,目标刺激出现 600ms(中间注视点消失)。4. 目标与反馈点的间隔时间,1500ms~2000ms 随机。5. 黑色反馈点出现,要求快速按空格键反应,记录反应时间,同时黑屏。如不按键反应,3000ms 后屏幕自动变为黑屏。6. 黑屏时间为 2000ms 后,随后进入下一个实验。具体流程见下图(图7)。

5.2.2.5 数据处理与分析

本研究的数据处理采用的是北京津发科技股份有限公司的 ErgoLAB 人机环境同步平台眼动模块,该平台搭载 Tobii TX300 型眼动仪,能全面采集和处理眼动数据。实验过程中反向眼跳的正确率通过 ErgoLAB 软件的视频回放来分析。眼动的原始数据由瑞典 Tobii 公司生产的 Tobii TX300 眼动记录设备采集记录,通过 ErgoLAB 软件对 Tobii TX300 所采集的原始眼动数据进行整理,最后利用 SPSS 18.0 软件对实验的各项指标进行统计分析。

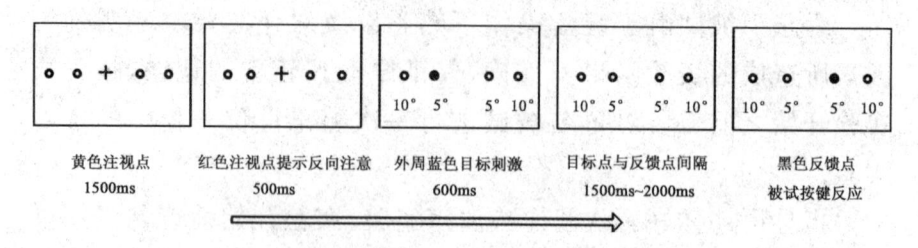

黄色注视点	红色注视点提示反向注意	外周蓝色目标刺激	目标点与反馈点间隔	黑色反馈点
1500ms	500ms	600ms	1500ms~2000ms	被试按键反应

图 7　反向眼跳具体流程图(以外周目标呈现视角 5°为例)

5.3　研究结果

借鉴以往的研究资料,结合本实验的目的和要求,经过认真的分析整理,我们对被试的眼跳反应正确率和眼动收集数据进行有效筛选,其无效数据的标准有:1. 首次眼跳落在屏幕之外的试次。2. 在外侧目标屏出现时注视点不在中心注视区内的试次。3. 首次眼跳潜伏期低于 80ms 或高于 600ms 的试次。首次眼跳潜伏期低于 80ms,即做了快眼跳;首次眼跳潜伏期高于 600ms,即潜伏期过长,因此推测为注意力没有集中。4. 实验过程中被试的大多数眼动数据丢失、目标屏出现在一次眨眼期间的试次。5. 被试的反向眼跳正确率低于 50% 的试验。根据上述标准,以及某些客观原因所造成的数据流失(如头部大幅度移动等),经过认真的分析处理,最后运动组保留的有效数据为 18 人,普通组 19 人。

5.3.1　反向眼跳的正确率和一次性到位率(表 7)

反向眼跳正确率是指在外周目标出现后,被试做出的首次

5 研究三 射击运动员的反向眼跳研究

方向正确眼跳占首次眼跳总次数的百分比。反向眼跳的正确率能考察被试行为的抑制功能。在反向眼跳正确率方面,两组被试差异显著(F=5.01,P<0.05),运动组的总体正确率更好。将搜集到的数据进一步细分,在视角为10°的远端刺激条件下,两组被试的总体正确率呈现高度显著性差异(F=7.65,P<0.01),在视角为5°的近端刺激条件下,两组被试的总体正确率上差异显著(F=4.18,P<0.05)。

一次性到位率是被试在察觉到外周目标刺激出现后,能快速而准确地将注视点一次性转移到对应的另一侧占总次数的百分比。两组被试的一次性到位率上差异显著(F=5.31,P<0.05),运动组有较好的一次性到位率。在视角为5°的近端刺激条件下,两组被试的一次性到位率上接近显著(F=3.65,P=0.06)。另外,两组被试的偏心距进行配对检验发现,偏心距效应对于被试的正确率和一次性到位率具有显著影响,差异高度显著。偏心距增加,正确率提高,但是一次性到位率降低。

表7 两组被试正确率的描述统计(%)

组别	运动组 M	运动组 SD	普通组 M	普通组 SD
总体正确率	92.78	8.78	79.21	15.66
总体一次性到位率	32.22	13.85	14.74	8.07
远端正确率	94.44	8.56	82.63	15.22
远端一次性到位率	5.56	6.16	6.32	7.61
近端正确率	91.11	13.23	74.74	19.54
近端一次性到位率	58.8889	28.2612	22.1053	18.1288

5.3.2 正确反向眼跳的具体数据

查阅相关的文献资料,我们发现定量分析眼跳运动的指标包括眼跳的潜伏期、注视次数、注视持续时间、眼跳幅度等这几个指标。由于远近目标的眼跳数据差异较大,因此数据分为远侧目标任务的眼跳和近侧目标任务的眼跳的两种条件。而根据首次反向眼跳方向的对错,我们可以将数据分为正确反向眼跳数据和错误反向眼跳数据。

眼跳潜伏期(saccade latency)是被试发动任务要求的眼跳所需要的准备时间。正确眼跳潜伏期是指从外侧目标刺激呈现到被试做出第一次正确眼跳之间的时间间隔。注视次数是指被试在完成视觉搜索过程中总的注视点个数。首次正确眼跳幅度是指在目标屏出现后,被试所做出的首次方向正确的眼跳落点与屏幕中心的距离,一般是以视角计算。眼跳总幅度是指被试离开中间位置开始第一次眼跳到被试按键反应之间的眼跳总距离。最后注视点开始时间是被试完成视觉搜索任务的过程中,将注视点停留在即将出现反馈点位置的启动时间。

根据研究的要求,我们对相关数据进行整理(表8),在正确反向眼跳的远端数据比较中,两组被试在眼跳总幅度上高度差异显著($F=8.389, P<0.01$)。在近端数据比较中,两组被试在注视次数上差异高度显著($F=1.873, P<0.01$)。两组被试在眼跳首次幅度上差异高度显著($F=12.466, P<0.01$),在眼跳总幅度上差异高度显著($F=9.722, P<0.01$),在最后注视点开始时间上差异也显著($F=3.175, P<0.05$)。

表8 正确反向眼跳的数据统计

指标	角度	运动组	普通组
眼跳潜伏期(s)	5	0.4638±0.0957	0.4142±0.0788
	10	0.4834±0.1022	0.4287±0.0907
注视次数	5	2.4224±0.3981	2.9976±0.6473
	10	3.3818±0.419	3.5056±0.4301
首次眼跳幅度(°)	5	4.871±0.4574	5.076±1.1352
	10	6.5672±1.2168	6.6605±1.3968
	5	5.5412±0.7211	6.7129±1.555

续表

指标	角度	运动组	普通组
眼跳总幅度(°)	10	10.1148±0.4501	10.7281±1.0185
	5	0.6435±0.2024	0.8145±0.2863
最后注视点开始时间(s)	10	0.9474±0.2489	0.9162±0.2421
	5	0.6435±0.2024	0.8145±0.2863

5.3.3 错误反向眼跳的数据

我们对两组被试的错误眼跳数据进行归类整理(表9),根据已有的文献资料结合实验的目的,除选取正确眼跳的指标以外,还加入修正眼跳正确率、眼跳纠正时间和纠正幅度等几个指标。错误眼跳的数据统计中,获取运动组样本量7人,普通组15人。因为运动组反向错误的数据较少,因此对相关数据的整理分析需要慎重。

修正眼跳正确率是被试在首次眼跳出现方向错误后,第二次眼跳方向做出正确的修正,第二次修正眼跳正确占总方向错误眼跳次数的百分比。错误眼跳的纠正时间和幅度是指做出错误的朝向眼跳后,被试向正确的注视位置开始眼跳的间隔时间和距离,这在一定程度上可以反映出被试对错误反应的控制和纠正执行能力。

在反向眼跳错误的远端数据比较中,修正眼跳正确率差异显著($F=4.973, P<0.05$),首次错误幅度上差异高度显著($F=10.428, P<0.01$)。近端条件下两组被试的各指标差异不显著。随着偏心距增加,错误眼跳的首次眼跳幅度、纠正幅度、眼跳总幅度都呈现快速增加,对比差异显著,而修正眼跳正确率降低。

表9 错误眼跳的数据统计

指标	角度	运动组（7人）	普通组（15人）
修正眼跳正确率(%)	5	95.24±12.6	96.22±10.9
	10	85.71±35.8	95.56±11.73
眼跳潜伏期(s)	5	0.3557±0.0883	0.3081±0.0924
	10	0.349±0.1416	0.3223±0.1094
眼跳纠正时间(s)	5	0.6176±0.2138	0.5201±0.0902
	10	0.5794±0.135	0.5582±0.1101
首次眼跳幅度(°)	5	4.3512±0.7284	4.6226±0.733
	10	6.4819±3.7725	8.9077±1.5614
眼跳纠正幅度(°)	5	4.3903±0.7258	4.7448±0.7729
	10	6.9505±3.1092	9.8944±4.0178
眼跳总幅度(°)	5	16.1879±3.3545	15.907±1.9256
	10	24.3199±7.5853	30.438±5.8336

5.4 讨 论

在具体的运动情境中，视觉搜索是运动员完成技术动作的重要前提。运动员一方面要根据完成动作所需要的信息进行视觉搜索，另一方面还要对搜索到的信息进行决策判断并选择适当的动作。专家和新手研究范式的多项研究已表明，专家的优势可能体现在视觉搜索过程中的判断反应时和准确性等方面。

另一方面，人的眼跳动在很大程度上受多种认知因素的影响，涉及注意、工作记忆、学习、长时记忆和决策等方面。在某种意义上，我们可以将反向眼跳看作一个视觉搜索的认知决策过程，需要对自下而上的信息（刺激属性）和自上而下的信息（目的和意图）进行权衡（周临等，2012）。成功完成一次反向眼跳通常需要三个基本过程，抑制优势反应(inhibition of a prepotent response)、计划产生（generation）正确眼跳和执行（execution）眼跳。随着认知神经科学的兴起，研究者可以利用眼动设备、通过反眼跳范式来判定个体抑制能力的强弱，射击运动员和普通大学生在抑制性认知加工能力上是否存在明显差异，这是我们着重想探讨的地方，以下我们分几方面来进行讨论。

5.4.1 反向眼跳的正确率和一次性到位率的讨论

突然出现在视野内的刺激会激起人朝向目标的反射性眼跳，而反向眼跳需要被试较好地抑制外周目标出现的刺激，快速将注意力转移到相对应的对侧，因此存在有一定的错误率。我们认为，反向眼跳的正确率和一次性到位率可以反映被试眼跳的准确性和精确性。眼跳正确率提供了眼跳质量的总体指标，而一次性到位率更能反映出被试对眼跳的精确自主控制能力。

一次正确的反向眼跳，首先要抑制自动朝向目标的眼跳，将注意快速转移到目标刺激的对侧，产生一个和目标到中央注视点距离大致相等的眼跳。运动组反向眼跳的正确率显著高于普通组，说明射击运动员能较好地抑制住优势的、反射性的朝向眼跳，具有较好的行为控制灵活性。在特定的运动场景中，射击运动员需要抑制外界环境的干扰，更好的关注于自我技术动作，主动调整和分配自我的注视焦点，要具备较好的注意灵活性。目前，反向眼跳的理论研究较为关注的是额叶抑制假说（assumption of the frontal inhibition），即制止错误的朝向目标的眼跳发生的一个假设机制。很多研究者用眼跳程序的并行特性来解释反向眼跳中的眼跳行为，刺激出现导致外源性朝向眼跳和内源性反向眼跳之间的竞争，错误的朝向眼跳和正确的反向眼跳之间存在竞争，他们认为反向眼跳错误源于无法快速激活正确反应（Reuter & Kathmann,2004）。Massen（2004）认为如果内源性因素引发的反向眼跳在达到某种激活阈限后被快速计划，那么它就赢得了竞争，朝向眼跳就被取消；反之，会先产生朝向的错误眼跳，而后产生正确的反向眼跳。

一次性到位率反映的是被试反向眼跳中的精确性,是否通过自我调节的一个注视点快速准确地转移到目标的镜像位置,从一定程度上可以认为和工作记忆存在关联。被试仅在一次注视点转移的过程中完成快速眼跳,对于他们的认知负荷加工提出了更高的要求。研究中发现,运动组的一次性到位率显著高于普通组,他们的自我眼跳调节能力更强,能快速、准确地找到关注的反馈点位置,能较好地完成精确性的目标定位,抑制调整能力更强。尤其是在近侧位置,运动员的一次性到位率达到一半以上,眼跳的精确性很强,而普通组的眼跳注视过程不够准确而自信,需要有几个注视点的调整才能达到反馈点位置,眼跳时间过多。

在射击运动员瞄准击发的过程中,首先注意力要回收到动作的协调感觉上(靠意志完成并维持),注意力的合理分配一般为三分之一伴随瞄准,三分之二伴随力量保持(本体感受)预压、减少晃动幅度(人体和枪支的自然晃动)。如果注意力不能合理分配,容易出现注意力前移和分散的毛病,射击成绩大受影响。注意力前移使得描扣环节脱离,容易产生迟响,注意力分散容易造成跑远弹。可以认为,运动员的注意力始终保持在一个灵活转换的状态,也需要对自我认知注意具有较好的调控能力,优秀运动员需要具备良好的认知控制能力。

本研究充分说明,射击运动员在反向眼跳的自我意识控制能力要强于普通大学生组,他们具备更好的反向眼跳加工能力,拥有较强的认知抑制功能,他们能保持一个较高的判断准确性,快速而准确地进行注意定位,而相对而言,普通组的正确率不太高,一次性到位率也较低。

5.4.2 偏心距效应

本研究的偏心距选择是借鉴卜晓艳等(2010)的研究设计,目标刺激与中心注视点的距离(视角)是重要变量,角度选择为左右

5 研究三 射击运动员的反向眼跳研究

随机的 5°、10°。在一次正确的反向眼跳执行过程中,被试需要对目标位置的方向和幅度这两方面信息都做出准确而快速的判断。根据视网膜对视觉信息的察觉能力以及敏感性,一般可将视网膜从中心到外周划分为中央窝视觉区(foveal region)、副中央窝视觉区(parafoveal region)和边缘视觉区(periheral region),中央窝视觉区的敏感度最高,大约在注视点 1°视角的区域;边缘视觉区的视敏度最低,大约在 10°以外的区域,中间的区域为副中央窝视觉区。我们选取的 5°是在副中央窝视觉区,而 10°是处于副中央窝视觉区和边缘视觉区的交互处。

本研究发现,目标偏心距增加,被试的眼跳正确率提高。被试在近端 5°左右更容易受到朝向目标的反射性眼跳,眼跳错误率较高。而在外周目标 10°的远端,被试都能较好的抑制突然出现的目标刺激,快速将注意力转移到其镜像位置。相对而言,运动组受偏心距的影响较低,正确率一直保持在较高水平。而普通组近远两端的正确率呈现显著差异,大学生组在近侧目标更容易受到朝向反射的影响而增加错误率。随着偏心距增加,一次性到位率显著降低。被试在远端目标中的一次性到位率都保持在较低水平,说明被试很难在处于副中央窝视觉区和边缘视觉区的 10°完成一次性眼跳任务,工作记忆的负荷难度增加,需要几个注视点的调整而精确到位。

研究发现,偏心距的变化对于被试的眼跳正确率、一次性到位率、反应潜伏期、注视次数、最后注视点开始时间、眼跳距离等都有着显著影响。随着目标偏心距增加,被试需要更多的注视次数、注视时间和距离来完成注视搜索定位,被试注视的眼跳潜伏期增加,首次眼跳幅度和眼跳总幅度自然会增加。Smyrnis 等人(2002)考察了青年被试的目标偏心距效应,偏心距设为 2°～10°,以 1°递增,结果发现随着目标偏心距增加,反应眼跳任务的错误逐渐减少,本研究支持符合以上的结论。但 Fischer 等人(1997)发现,偏心距的增加导致反向眼跳的错误率增加,眼跳潜伏期减少。我们认为,不少研究在实验设计上并不统一,所采用的偏心距从 4°到 15°不等,因此并不利于总结出反向眼跳的影响规律,不同研究在结果上的差异也许是由于不同研究中所使用的眼跳任务不同所导致。本研究所采用的偏心距变量只有两个水平,也需要进一步的深入实验加以验证。

5.4.3　正确反向眼跳的研究发现

在反眼跳任务中,眼跳潜伏期可以在第一时间内反映被试抑制目标位置优势反应方面的能力,被研究者所广泛选用。一般认为,在眼跳潜伏期中视线保持在注视点范围内,至少发生了两个加工过程:一是对中央窝视野中的目标进行分析并对边缘视野中的目标做出眼跳定位,二是为下个眼跳做好准备,这能够反映出被试的眼跳计划和执行能力。抑制力越强的被试,可以更好地准确进行眼跳反应,表现为眼跳潜伏期更短。

当注视点从一个空间位置移动到另外一个空间位置时,眼睛运动速度变化包含了两个过程:制动(加速)过程和减速过程。眼睛从静态开始加速制动,当达到某个最大速度后,眼睛开始减速并最终达到零,停留在期待位置。在这个速度变化的过程中,存在有一个速度最大值,被称为速度峰值,它也是描述眼动的一个关键变量。

有资料表示,反向眼跳的潜伏期和峰速度是测量映射到特定神经功能的认知控制过程更精确的指标,反眼跳潜伏期越短,峰速度越高则说明抑制控制功能效率更高(高闯,2012)。本研究结果和预期并不一致,射击运动组的眼跳潜伏期比普通组要长(差异不显著),峰速度要慢(差异显著)。分析原因,我们认为,可能是运动组采用的是一种更为谨慎、稳妥的注意调控策略,宁可判断反应时间长,也要保证较高的判断正确率,控制认知行为的有效,这在某种程度上和射击运动情境中的稳定、准确要求有关。

射击是一项以"稳""准"取胜的个人运动项目,并不强调认知加工的速度,它更多的要求是稳定、准确而流畅地完成技术动作。

例如,在真实的射击场景中,中央注视点相当于他们的靶子位置,要持续关注。外围目标出现时,运动员并不急于开枪射击(快速转移注意力),而是将自己的注意力缓慢调整到较好水平(避免失误—强调准确),瞄准时注意力回收,集中在自我的技术动作上,抑制其他外部信息的干扰,流畅而稳定地完成自我技术动作。因此,我们推断,射击运动员的反应潜伏期时间较长,而速度峰值要低。

眼跳幅度是指两个注视点之间的角距大小,它的单位是度或者分。首次正确眼跳幅度是被试摆脱外围目标影响主动产生的,两组被试之间的差异并不显著,说明在正确的注意指向条件下,被试都能较好地形成自我抑制导向。眼跳总幅度是被试从中间注视位置到最后反馈点位置的总距离,是被试眼跳过程中所有注视点之间的距离和。我们所设定的目标是远近 5°、10°的位置。两组被试在眼跳总幅度上差异显著,普通组比运动组的眼跳总幅度更长。我们认为,这反映出射击运动员的目标精确性更强、更准确。反向眼跳需要抑制加工,被试很难一次性完成镜像位置的注视点跳跃,需要几个注视点来完成调整,因此眼跳总距离不可能是精确的 5°、10°,或多或少会出现一些偏差。可以看到,运动组的眼跳幅度更精确接近偏心距位置,他们的眼跳总幅度更短,说明他们的眼跳注视更精确有效。而普通组注视不够自信而稳定,很有可能将注视点甩过了反馈点位置,再通过几次注视调整后才到预期位置,他们的眼跳总距离会更长。

以往的研究表明,距离中央位置越近,外周目标的诱导性也越大,被试也越容易出现指向错误。本研究中发现,近端目标的眼动数据对比中,更能体现出运动员的专业认知加工优势,他们的注视次数更少,最后注视点开始时间也较短,眼跳首次幅度和眼跳总幅度都低于普通组,差异显著,说明射击运动组能较快地摆脱外周目标的牵制,能较好抑制朝向目标,快速生成一个相反位置的注意定向,目标的定位和准确性也更高。

5.4.4 错误反向眼跳的研究发现

在反向眼跳任务中,被试经常会出现反向眼跳错误,即先朝向目标快速地进行一个错误的朝向眼跳,紧跟着产生一个朝向正确注视位置的反向眼跳。这其中,眼跳方向错误率、错误眼跳的潜伏期、错误眼跳的纠正时间和纠正幅度等是考察的重要指标。所收集到的错误数据中,运动组只有7人,普通组有15人,因此我们在进行对比分析时,需要慎重而谨慎。

修正眼跳正确率可以考察被试是否意识到任务目标的正确要求,如果被试的修正眼跳正确率低于50%,说明被试有一半次数的眼跳都没有能够正确完成,他们没有理解任务的要求。抑制力越强的被试,在眼跳反应出错后更能快速地修正反应,表现为修正正确率更高。可以看到,被试的修正眼跳正确率都很高,说明被试都积极认真地参与反向眼跳任务,能在第一次眼跳错误后快速进行修正。

从错误眼跳空间维度的数据分析发现,运动组在错误眼跳发生后能较好形成正确方向眼跳,他们的错误眼跳幅度较小,纠正眼跳距离和眼跳总幅度也比普通组要少(尤其在远端位置),说明他们的抑制加工能力更强,错误纠正能力更好。在射击比赛过程中,每次射击的过程中均快速得到反馈,运动员必须具备良好的心理承受能力和自我控制能力。前一次的失误必然会对后边的击发造成一定的心理影响,优秀运动员能快速调整自我的注视,较快摆脱之前的失利因素,平复心情,他们要始终让自己保持在一个稳定的心理状态,少受外界环境的干扰,形成较好的自我意志控制,心理承受能力要强,认知加工更为流畅有效。在远端10°的外围目标刺激条件下,运动组的眼跳纠正时间和幅度明显少于普通组,说明射击运动员能够较好完成视觉矫正,较快摆脱外围目标位置的注意牵制,用较短的眼跳距离完成眼跳纠正。而在近端,所有被试均受朝向目标的牵制太大,差异并不显著。

由于相关的眼跳文献不多,且眼跳分析的指标选取上存在一定的争议,从错误眼跳的各眼跳指标来探讨运动员的认知加工能力,这也是一种探索尝试。错误数据中个体差异较大,且错误的对象太少,因此大多数指标并没有呈现出显著差异,而运动心理学可能借鉴的文献也十分有限,很多方面都需要在后续研究中得到加强。

5.5 结 论

5.1 研究发现,运动组的反向眼跳正确率和一次性到位率高于普通组,呈现显著差异,说明射击运动员能较好地抑制住优势的、反射性的朝向眼跳,他们的自我意识控制能力要强于普通大学生组,拥有较强的认知抑制功能。

5.2 反向眼跳任务中,表现出明显的目标偏心距效应,随着目标偏心距的增加,被试的眼跳正确率提高,但一次性到位率却降低,眼跳潜伏期变小,注视次数、眼跳幅度增加。

5.3 正确反向眼跳中,运动组的眼跳潜伏期较长,眼跳总幅度较小。分析认为,可能是运动组采用的是一种更为谨慎、稳妥的注意调控策略,宁可判断反应时间长,也要保证较高的判断正确率,反映出射击运动员的目标精确性更强、更准确。错误反向眼跳中,运动组的错误眼跳幅度较小,纠正眼跳距离和眼跳总幅度也比普通组要少,说明他们的错误纠正能力更好。

6 研究四 射击运动员的正反向眼跳研究

6.1 前 言

  眼睛是心灵的窗户,是外部信息进入大脑的重要通道,人们很早就意识到眼睛可以反映出一个人的心理活动,眼球运动包涵了大脑对视觉信息加工处理的过程以及更高级的认知部分,一百多年来,科学家们一直致力于改进记录眼球运动的装置,探讨眼动与人心理活动的关系。眼球运动一般包括三种基本形式:注视、眼跳和追随运动。注视的功能是让目标物保持在视觉中央窝上,保证注视对象的清晰。而眼跳的作用是快速改变注视点,将视网膜中央窝对准感兴趣的目标来进行视觉信息处理。目前,眼跳的相关研究已经成为探索视觉注意、学习和工作记忆等认知加工能力的一种极具影响力的方法。

  正向眼跳(pro-saccade)是指一种视觉引导性眼跳,是对边侧新异目标的自动朝向反应。反向眼跳(anti-saccade)需要对反射性眼跳进行抑制,并对镜像位置形成意志性眼跳,它需要高级水平的认知整合资源,大脑活动的复杂性也较高。很多研究都采用正反向眼跳研究任务来比较刺激驱动反应以及意志性反应,相同的刺激能激发不同的认知行为,这可以检验个体对行为的灵活控制情况。正反向眼跳的广泛研究始于 20 世纪 90 年代,主要包括对正常人的基线研究、对灵长类动物的研究以及对存在执行功能损伤的精神类疾病的研究(卜晓艳,2009)。可以认为,眼跳研究仍然是一个新兴、蓬勃发展的阶段,越来越多的相关眼跳研究不断呈现,但人类对其深层次的内部机制并没有很好的诠释。眼跳研究更多的还局限在精神病人、老年人和儿童等个别群体中,缺乏对运动员这样特殊群体的深入研究。

射击是我国的传统优势项目,射击运动员在击发过程中需要克服外界干扰,注意力集中在自己、现在和动作上、"靶虚具实"等,这是内源注意和外源注意的灵活调整、需要注意资源的合理分配,是正向眼跳和反向眼跳的有机结合,可以反映运动员水平高低的一个重要方面。我们已经对正向、反向眼跳分别进行了研究,如果将正反向眼跳综合到一块随机呈现,被试会有怎样的应变状况,射击运动员能否再次体现出专项认知加工的优势,正向、反向眼跳之间是否有相互干扰等问题,都是本研究想调查了解的部分。因此,本研究融合了经典的正反向眼跳研究范式,利用先进的眼动仪记录被试的注视过程,了解不同被试对于眼跳的自主控制能力,探讨优秀射击运动员的认知加工特征,期待为相关的专项运动员认知眼动研究提供一定的参考和借鉴。

6.2　研究对象与方法

6.2.1　研究对象

从某省级专业射击队选取射击运动员 21 人作为运动组,运动级别为健将、国家一级、二级以上,从普通高校选取普通大学生 27 人作为对照组,所有被试的视力或矫正视力正常,无色盲,年龄均在 18～23 岁之间。

6.2.2 研究方法

6.2.2.1 实验设计

本实验采用2(眼跳类型:正向、反向眼跳)×2(目标位置:5°、10°)×2(组别)的混合实验设计,眼跳类型、目标位置为被试内变量,眼跳类型包括正向、反向眼跳两种条件,目标位置有近(5°)和远(10°)的左右两个视角水平。组别为被试间变量,包括运动组、普通组两个组别。正反向眼跳顺序、左右目标位置都是随机呈现,按照每种实验条件最低5次的标准,我们的正式实验为40次,练习中每种条件均出现一次,开始阶段有8次练习,被试基本按照要求完成,认为没有问题以后开始正式实验。

6.2.2.2 实验材料

本研究的实验材料均为灰底图片,像素均为1924×1082。开始阶段,图片材料中间呈现十字形注视点,大小是0.5°(12 Pixels)。外周有左右5°、10°(视角)的四个圆圈,刺激圆直径为0.4°(10 Pixels),呈现角度为左右水平的5°、10°,整体背景为灰色。实验材料为Photoshop软件加工的图片,通过Tobii公司自带的软件按照时间顺序编程,依次呈现图片材料。

6.2.2.3 实验设备

研究采用瑞典Tobii公司的专业眼动仪TX300,显示屏是23英寸大小,分辨率为1920×1080,采样频率是300赫兹。被试眼位与屏幕中心等高,距屏幕63cm,实验环境采用低度照明,一台计算机向被试呈现刺激材料,另一台监控和记录实验过程。

6.2.2.4 实验过程

每个被试分别进行实验室测试,采用一对一的方式进行。实

6 研究四 射击运动员的正反向眼跳研究

验室除一名主试和被试以外,无他人。正式实验前,耐心为被试讲解实验规则和要求,进行熟悉键盘练习,然后用 Tobii 自带的眼动校准程序对被试进行眼校准,要求被试尽量保持头部不动,将某一势力手放到空格键上,看到反馈点出现后快速按键反应。如果被试提前按键,会有声音警示。

校准结束后出现实验指导语,开始练习,在受试者正确理解指导语和实验要求后进行正式实验。中间有一次休息,整个实验约持续 15~20 分钟。正式实验中,主试不提供任何帮助、指示,只是起到监督作用。实验结束后,被试都会收到一定的物质奖励。

实验具体过程如下:1. 屏幕中心注视点为黄色十字,呈现时间 1500ms,要求被试注意力始终关注在中心注视点位置。2. 中心注视点变为绿色或红色(呈现 500ms),表明接下来会是正向或反向眼跳任务。3. 外周蓝色目标刺激快速呈现,呈现的角度为随机的左右 5°、10°,呈现时间为 600ms(同时中间注视点消失)。4. 目标与反馈点的间隔时间,1500ms~2000ms 随机(屏幕上只剩下四个圆圈),要求被试快速转移注意力到即将出现反馈点的位置等待。5. 黑色反馈点出现后,要求快速按空格键反应,按键的同时黑屏。如不按键反应,3000ms 后屏幕自动变为黑屏。6. 黑屏时间为 2000ms 后,进入下一个实验。具体流程见下图(图 8,以反向眼跳流程图为例)。

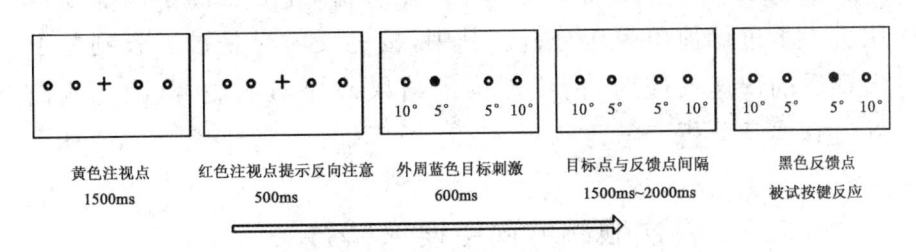

| 黄色注视点 1500ms | 红色注视点提示反向注意 500ms | 外周蓝色目标刺激 600ms | 目标点与反馈点间隔 1500ms~2000ms | 黑色反馈点 被试按键反应 |

图 8 反向眼跳具体流程图(以外周目标呈现视角 5°为例)

6.2.2.5 数据处理与分析

本研究的数据采集是采用北京津发科技股份有限公司的

ErgoLAB人机环境同步平台眼动模块,该平台搭载 Tobii TX300 型眼动仪,能全面整合和处理各项眼动数据。实验过程中,被试正反向眼跳的正确率通过 ErgoLAB 软件的视频回放功能来分析。眼动的原始数据由 Tobii TX300 自带的眼动记录设备采集,每个被试自动生成一个数据文件,通过 ErgoLAB 软件对原始眼动数据和反应时进行整理,最后利用 SPSS 18.0 软件对实验的各项指标进行统计分析。

6.3 研究结果

借鉴以往的研究成果,结合本实验的要求,我们对所有被试的眼跳行为指标和眼动收集数据进行有效筛选,确定的无效数据具体标准有:1. 外周目标出现时,被试的注视点并没有停留在中央注视范围内。2. 首次眼跳在屏幕之外。3. 首次眼跳潜伏期低于 80ms 或高于 600ms(借鉴以往的研究标准)。4. 测试过程中被试的大多数眼动数据丢失。5. 被试的正、反向眼跳正确率低于 55%的试验。根据上述标准,以及某些客观原因所造成的数据流失(如头部大幅度移动等),经过认真的分析处理,最后运动组保留的有效数据为 18 人,普通组为 22 人。

数据结果主要采用重复测量方差分析,并对各因素的交互作用进一步进行简单效应分析。其中,按键反应时是被试看到靶子出现后的快速反应时,两组数据的结果差异均不显著,因此我们并没有展开分析。

6.3.1 首次眼跳方向错误率(%)

首次眼跳方向错误率是指在外周目标出现后,被试做出的首次方向错误的眼跳占首次眼跳总次数的百分比,反映了被试能否较好对眼跳进行合理控制。我们采用 2(眼跳类型:正向、反向眼

6 研究四 射击运动员的正反向眼跳研究

跳)×2(目标位置:5°、10°)×2(组别)重复测量方差分析,将所采集的数据进行归纳整理(表10),结果显示:

(1)组别主效应高度显著 F(1,38)=7.566,P<0.01,普通组的首次眼跳方向错误率(M=13.977,SD=1.614)高于运动组的首次眼跳方向错误率(M=7.361,SD=1.784),出现了更多的眼跳错误,说明普通组对眼动的控制能力较差。

(2)眼跳任务类型主效应高度显著 F(1,38)=45.655,P<0.01,正向眼跳的首次方向错误率(M=4.419,SD=0.917)明显低于反向眼跳的首次眼跳方向错误率(M=16.919,SD=1.94),说明反向眼跳的认知难度较大,被试的错误率明显上升。

(3)正反向和组别的交互作用显著 F(1,38)=7.305,P<0.01,进一步简单效应分析表明,在反向眼跳条件下,运动组的首次眼跳错误率显著低于普通组,T(38)=-3.181,P<0.01,而在正向眼跳条件下,两组差异不显著。

(4)目标位置的主效应不显著,其他各项交互作用均不显著。

表10 两组被试首次眼跳方向错误率、一次性到位率的描述统计(40人)

类型	正向		反向	
	运动组	普通组	运动组	普通组
首次眼跳方向错误率	3.6111±5.3703	5.2273±6.0705	11.1111±7.584	22.7273±14.9385
首次眼跳方向远端错误率	5.5556±10.4162	6.3636±9.0214	11.1111±13.2349	22.2727±16.5954
首次眼跳方向近端错误率	1.6667±3.8348	4.0909±5.0324	11.1111±8.3235	23.1818±19.612
总体一次性到位率	48.241±4.182	42.0455±3.783	26.975±2.678	12.955±2.422
远端一次性到位率	29.8144±16.748	35.9091±19.6781	8.9506±8.3363	6.3636±5.8109
近端一次性到位率	63.8889±28.5201	48.1819±24.031	45±22.2948	19.5455±18.8925

6.3.2 眼跳的一次性到位率(%)

一次性到位率是被试在察觉到外周目标刺激出现后,能快速而准确地将注视点一次性转移到目标注视位置所占总次数的百分比。注视点从中央位置离开后,能一次性将注视点转移到即将出现靶子的位置,我们认为,一次性到位率高的被试,他们的注视灵活性较强,具备较好的转移注意能力,视觉调整能力较好。对所有统计数据进行整理(表10),我们发现:

(1)组别主效应显著 $F(1,38)=5.651, P<0.05$,普通组的眼跳一次性到位率($M=27.5, SD=2.852$)低于运动组的眼跳一次性到位率($M=37.608, SD=3.153$),说明运动组对眼动的控制能力较好。

(2)眼跳任务类型主效应高度显著 $F(1,38)=146.104, P<0.01$,正向眼跳的一次性到位率($M=19.965, SD=1.805$)明显低于反向眼跳的一次性到位率($M=45.143, SD=2.82$),说明反向眼跳的认知难度较大,被试眼跳的一次性到位率明显下降。

(3)目标远近位置的主效应高度显著 $F(1,38)=57.903, P<0.01$,远端位置的一次性到位率($M=20.259, SD=1.794$)明显低于近端位置的一次性到位率($M=44.848, SD=3.347$),远端位置由于眼跳距离较远,被试眼跳的一次性到位率明显下降。

(4)目标远近和组别的交互作用显著 $F(1,38)=13.475, P<0.01$,进一步简单效应分析表明,在近端目标位置条件下,运动组眼跳的一次性到位率($M=55.833, SD=22.5082$),显著高于普通组($M=33.8636, SD=19.8165$),$T(38)=3.282, P<0.01$,而在远端目标位置,两组差异不显著。

(5)眼跳任务和组别的交互作用边缘显著 $F(1,38)=3.529, P=0.068$,进一步简单效应分析表明,在反向眼跳条件下,运动组眼跳的一次性到位率($M=26.9753, SD=12.6531$),显著高于普通组($M=12.9545, SD=10.1956$),$T(38)=3.883, P<0.01$,而

在正向眼跳条件下,两组差异不显著。

(6)目标位置的主效应不显著,其他各项交互作用均不显著。

6.3.3 注视次数

注视次数是被试完成眼跳任务总的注视点个数,标志着个体处理任务的能力,对所有统计数据进行整理(表11),我们发现:

(1)组别主效应显著 $F(1,38)=4.146, P<0.05$,运动组的注视次数($M=2.827, SD=0.117$)高于普通组的注视次数($M=3.148, SD=0.106$),运动组完成认知任务的注视点数较少。

(2)眼跳任务类型主效应高度显著 $F(1,38)=64.471, P<0.01$,正向眼跳的注视次数($M=2.782, SD=0.083$)少于运动组的注视次数($M=3.193, SD=0.082$)。

(3)目标远近位置的主效应高度显著 $F(1,38)=9.228, P<0.01$,远端位置的注视次数($M=3.154, SD=0.072$)高于近端位置的注视次数($M=2.822, SD=0.115$)。

(4)眼跳任务和组别的交互作用显著 $F(1,38)=4.619, P<0.05$,进一步简单效应分析表明(图9),在反向眼跳条件下,运动组眼跳的注视次数($M=2.9776, SD=0.4356\%$)显著低于普通组($M=3.4085, SD=0.5772$),$T(38)=-2.614, P<0.05$,而在正向眼跳条件下,两组差异不显著。

(5)眼跳任务和目标位置的交互作用接近显著 $F(1,38)=3.672, P=0.063$,进一步简单效应分析表明,在反向眼跳任务条件下,远端目标的注视次数($M=3.433, SD=0.5353$),显著高于近侧目标($M=2.9962, SD=0.7274$),$T(39)=4.398, P<0.01$,而在正向眼跳任务条件下,差异不显著。

(6)其他各项交互作用均不显著。

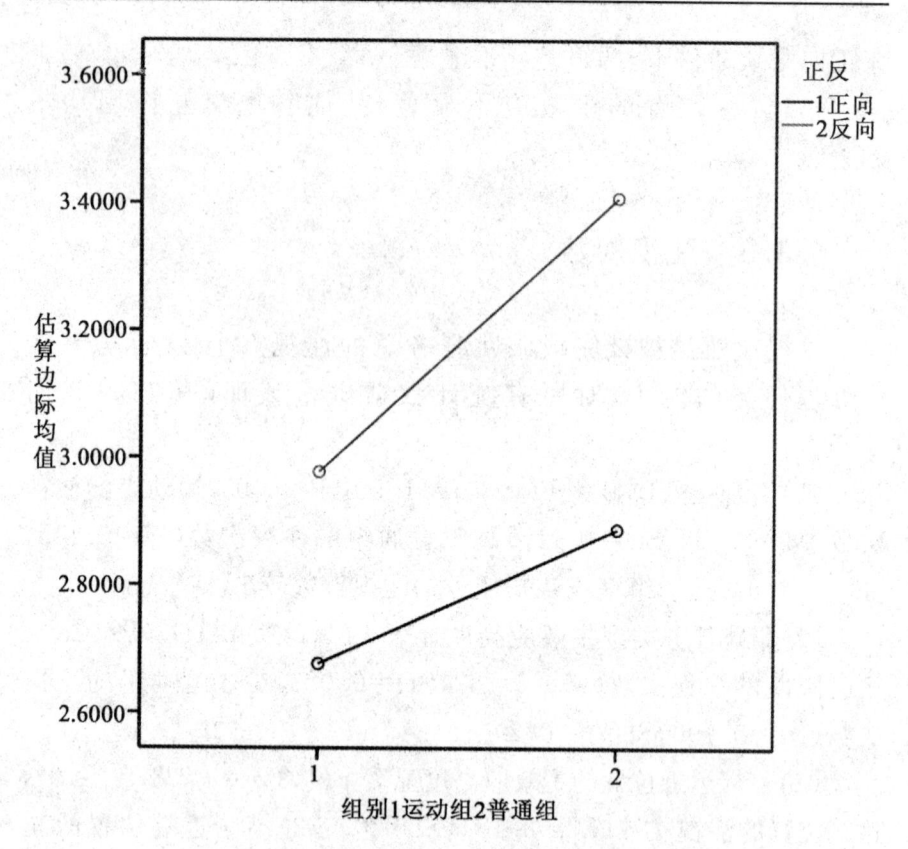

图 9 注视次数眼跳任务和组别的交互作用

表 11 两组被试的注视次数、注视时间和最后
注视点开始时间的描述统计(40人)

类型	正向		反向	
	运动组	普通组	运动组	普通组
远端注视次数	2.8691±0.4338	2.9157±0.4958	3.2338±0.4711	3.5959±0.5392
近端注视次数	2.4846±0.5536	2.8601±1.042	2.7213±0.5147	3.221±0.8065
远端平均注视时间	1.0001±0.161	0.9837±0.1878	0.9069±0.1069	0.8187±0.1239
近端平均注视时间	1.1638±0.2039	1.0454±0.2398	1.0148±0.1731	0.8771±0.2021

续表

类型	正向		反向	
	运动组	普通组	运动组	普通组
远端最后注视点开始时间	0.7147±0.2478	0.7427±0.2143	0.7886±0.1884	0.9898±0.2867
近端最后注视点开始时间	0.6366±0.3526	0.7574±0.3131	0.7149±0.2266	0.8619±0.3198

6.3.4 平均注视时间(S)

平均注视时间是被试在完成眼跳任务过程中所有注视点持续时间的平均值,对所有统计数据进行整理(表11),我们发现:

(1)组别主效应接近显著 $F(1,38)=3.933, P=0.055$,运动组的注视时间($M=1.0216, SD=0.1125$)高于普通组的注视时间($M=0.9312, SD=0.1642$),运动组在每个注视点停留的平均时间要长。

(2)眼跳任务类型主效应高度显著 $F(1,38)=104.775, P<0.01$,正向眼跳的注视时间($M=1.048, SD=0.026$)高于反向眼跳的注视时间($M=0.904, SD=0.022$)。

(3)目标远近位置的主效应高度显著 $F(1,38)=12.987$,$P<0.01$,远端位置的注视时间($M=0.928, SD=0.021$)少于近端位置的注视时间($M=1.025, SD=0.031$)。

(4)其他各项交互作用均不显著。

6.3.5 最后注视点开始时间(S)

最后注视点开始时间,是被试在知晓认知任务要求后,快速转移注意力到即将出现靶子的位置等待目标出现,最后注视点的开始时间可以认为是被试完成视觉搜索成功的一个重要标志,对所有统计数据进行整理(表11),我们发现:

(1)组别主效应接近显著 $F(1,38)=3.172, P=0.083$,运动组的最后注视点开始时间($M=0.714, SD=0.052$)低于普通组的最后注视点开始时间($M=0.838, SD=0.047$),说明运动组能较快完成视觉搜索判断任务。

(2)眼跳任务类型主效应高度显著 $F(1,38)=29.923, P<0.01$,正向眼跳的最后注视点开始时间($M=0.713, SD=0.037$)低于反向眼跳的注视时间($M=0.839, SD=0.036$)。

(3)眼跳任务和组别的交互作用显著 $F(1,38)=4.698, P<0.05$,进一步简单效应分析表明(图10),在反向眼跳条件下,运动组眼跳的最后注视点开始时间($M=0.7517, SD=0.1719$)显著低于普通组($M=0.9258, SD=0.2626$),$T=-2.418, P<0.05$。而在正向眼跳条件下,两组差异不显著。

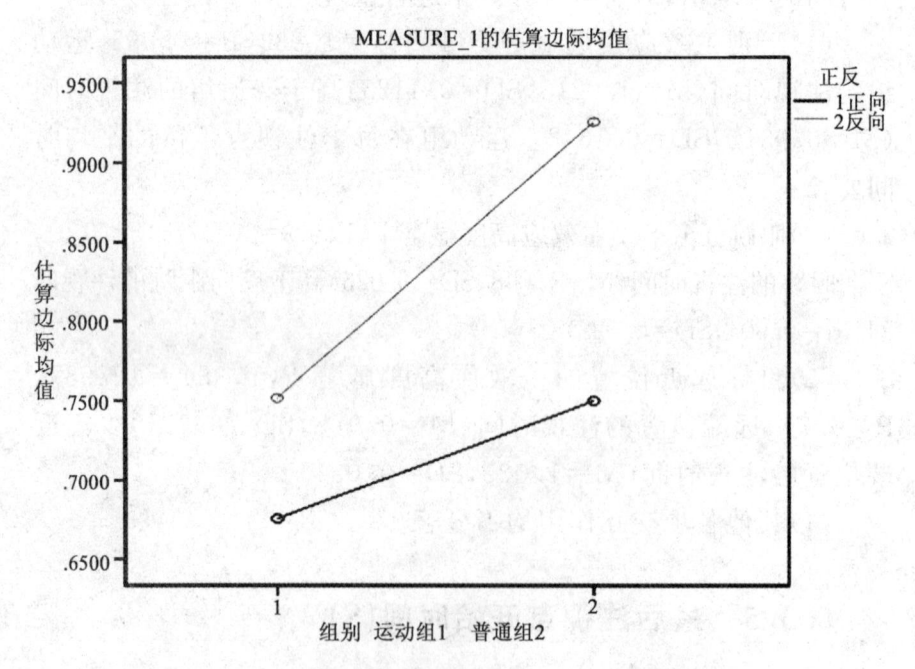

图 10 最后注视点开始时间眼跳任务和组别的交互作用

(4)眼跳任务和目标远近的交互作用接近显著 $F(1,38)=3.825, P=0.058$,进一步简单效应分析表明,在反向眼跳条件下,远端目标的最后注视点开始时间($M=0.8993, SD=0.2646$)显著高于近端目标的最后注视点开始时间(M=0.7957,SD=0.288),T(39)=2.38,P<0.05,而在正向眼跳条件下,两组差异不显著。

(5)组别、眼跳任务和目标远近三因素交互作用显著 F(1,38)=4.326,P<0.05,进一步简单效应分析表明,在远端目标位置下,运动组反向眼跳的最后注视点开始时间(M=0.7886,SD=0.1884)显著快于普通组反向眼跳的最后注视点开始时间(M=0.8619,SD=0.3198),T(38)=−2.644,P=0.011,其余情况下差异均不显著。

(6)目标远近的主效应不显著,其他各项交互作用均不显著。

6.3.6 眼跳潜伏期(S)

眼跳潜伏期(saccade latency)是被试发动任务要求的眼跳所需要的准备时间。正确眼跳潜伏期是指从外周目标刺激呈现到被试做出第一次正确眼跳之间的时间间隔。对所有统计数据进行整理(表12),我们发现:

(1)眼跳任务类型主效应高度显著 F(1,38)=133.57,P<0.01,正向眼跳的眼跳潜伏期(M=0.332,SD=0.007)低于反向眼跳的注视时间(M=0.394,SD=0.008)。

(2)目标远近位置的主效应高度显著 F(1,38)=11.235,P<0.01,远端位置的眼跳潜伏期(M=0.37,SD=0.007)长于近端位置的眼跳潜伏期(M=0.357,SD=0.008)。

(3)眼跳任务和目标远近的交互作用接近显著 F(1,38)=3.602,P=0.065,进一步简单效应分析表明,在正向眼跳条件下,远端目标的眼球潜伏期(M=0.3403,SD=0.0416)显著高于近端目标的眼跳潜伏期(M=0.3227,SD=0.053),T(39)=3.194,P<0.05,反向眼跳条件下,远端目标的眼球潜伏期(M=0.3966,SD=0.0523)显著高于近端目标的眼跳潜伏期(M=0.3893,SD=0.0531),T(39)=1.93,P=0.061,两组差异接近显著。

(4)组别主效应、其他各项交互作用均不显著。

表 12　两组被试的眼跳潜伏期、眼跳首次幅度和
眼跳总幅度的描述统计(40 人)

类型	正向		反向	
	运动组	普通组	运动组	普通组
远端眼跳 潜伏期(s)	0.3503± 0.0374	0.3321± 0.0438	0.4104± 0.0389	0.3853± 0.0596
近端眼跳 潜伏期(s)	0.3275± 0.0467	0.3188± 0.0584	0.4079± 0.0358	0.3741± 0.0605
远端眼跳 首次幅度(°)	48.241± 4.182	42.0455± 3.783	26.975± 2.678	12.955± 2.422
近端眼跳 首次幅度(°)	29.8144± 16.748	35.9091± 19.6781	8.9506± 8.3363	6.3636± 5.8109
远端眼跳 总幅度(°)	0.7147± 0.2478	0.7427± 0.2143	0.7886± 0.1884	0.9898± 0.2867
近端眼跳 总幅度(°)	0.6366± 0.3526	0.7574± 0.3131	0.7149± 0.2266	0.8619± 0.3198

6.3.7　首次眼跳幅度(°)

首次正确眼跳幅度是指在外周目标出现以后,被试所做出的首次方向正确的眼跳落点与屏幕中心的距离,一般是以视角计算。对所有统计数据进行整理(表 12),我们发现:

(1)组别主效应接近显著 $F(1,38)=4.306$, $P<0.05$,运动组的首次眼跳幅度($M=6.882$, $SD=0.178$)低于普通组的首次眼跳幅度($M=7.38$, $SD=0.161$),运动组的首次眼跳幅度要少。

(2)眼跳任务类型主效应高度显著 $F(1,38)=8.384$, $P<0.01$,正向眼跳的首次眼跳幅度($M=7.41$, $SD=0.081$)高于反向眼跳的首次眼跳幅度($M=6.852$, $SD=0.202$)。

(3)目标远近位置的主效应高度显著 $F(1,38)=12.987$,

P<0.01,远端位置的首次眼跳幅度(M=8.612,SD=0.141)明显高于近端位置的首次眼跳幅度(M=5.65,SD=0.127)。

(4)眼跳任务和目标远近的交互作用高度显著 F(1,38)=164.424,P<0.01,进一步简单效应分析表明,在正向眼跳条件下,远端位置的首次眼跳幅度(M=9.6703,SD=0.5997)高于近端位置眼跳幅度(M=5.1694,SD=0.5839),T(39)=47.659,P<0.01;反向眼跳条件下,远端位置的首次眼跳幅度(M=7.6106,SD=1.6319)也高于近端位置眼跳幅度(M=6.1735,SD=1.3289),T(39)=6.551,P<0.01,差异都高度显著。

(5)其他各项交互作用均不显著。

6.3.8 眼跳总幅度(°)

眼跳总幅度是指被试离开中间位置开始第一次眼跳到被试按键反应之间的眼跳总距离。对所有统计数据进行整理(表12),我们发现:

(1)组别主效应高度显著 F(1,38)=7.915,P=0.01,运动组的眼跳总幅度(M=8.31,SD=0.241)低于普通组的眼跳总幅度(M=9.183,SD=0.218),运动组的眼跳总幅度要少。

(2)眼跳任务类型主效应高度显著 F(1,38)=17.429,P<0.01,正向眼跳的眼跳总幅度(M=8.247,SD=0.111)低于反向眼跳的眼跳总幅度(M=9.245,SD=0.263)。

(3)目标远近位置的主效应高度显著 F(1,38)=447.293,P<0.01,远端位置的眼跳总幅度(M=10.879,SD=0.142)明显高于近端位置的首次眼跳幅度(M=6.613,SD=0.23)。

(4)眼跳任务和组别的交互作用接近显著 F(1,38)=3.409,P=0.073,进一步简单效应分析表明,在正向眼跳条件下,运动组的眼跳总幅度(M=8.0313,SD=0.4607)低于普通组的眼跳总幅度(M=8.4631,SD=0.8384),T(38)=−2.063,P<0.05;反向眼跳条件下,运动组的眼跳总幅度(M=8.5877,SD=0.4607)也低于

普通组的眼跳总幅度(M=9.902,SD=2.044),T(38)=-2.661,P=0.012,差异均显著。

(5)眼跳任务和目标远近的交互作用高度显著 F(1,38)=17.451,P<0.01,进一步简单效应分析表明,在正向眼跳条件下,远端位置的眼跳总幅度(M=10.8088,SD=0.8652)显著高于近端位置眼跳幅度(M=5.7288,SD=0.6798),T(39)=54.744,P<0.01;反向眼跳条件下,远端位置的首次眼跳幅度(M=11.0309,SD=1.5658)也高于近端位置眼跳幅度(M=7.5903,SD=2.5819),T(39)=9.045,P<0.01,差异高度显著。

(6)其他各项交互作用均不显著。

6.3.9 错误反向眼跳的数据

我们对两组被试的错误反向眼跳数据进行归类整理(表13),参考已有的文献资料,除选取正确眼跳的指标以外,还加入修正眼跳正确率、眼跳纠正时间和纠正幅度等几个指标。在错误眼跳的数据统计中,获取运动组样本量16人,普通组20人。由于正向眼跳的错误率较低,因此我们也只对错误反向眼跳的数据进行翔实分析。

表13 错误反向眼跳的数据统计

指标	角度	运动组(16人)	普通组(20人)
注视次数	5	4.0236±1.3989	4.552±0.8301
	10	4.5±0.5976	4.2489±0.6277
注视时间	5	2.671±0.0616	2.7468±0.1298
	10	2.8716±0.1335	2.8888±0.1013
注视平均时间	5	0.5568±0.3397	0.4251±0.3142
	10	0.2882±0.3371	0.597±0.2551
修正眼跳正确率	5	92.8571±26.7261	84±27.2538
	10	84.375±22.9031	91.7542±17.6163

6 研究四 射击运动员的正反向眼跳研究

续表

指标	角度	运动组(16人)	普通组(20人)
错误眼跳潜伏期	5	0.3217±0.0675	0.332±0.0729
	10	0.3647±0.0619	0.3377±0.0804
眼跳纠正时间	5	0.69±0.414	0.5655±0.1282
	10	0.5585±0.1005	0.5311±0.1195
最后注视点开始时间	5	0.9642±0.6399	1.06±0.2715
	10	1.155±0.3303	0.9477±0.2748
首次错误眼跳幅度	5	4.3626±1.5232	4.963±1.9449
	10	8.5672±1.0334	8.5814±1.7149
眼跳纠正幅度	5	4.7748±1.0338	5.5306±1.3571
	10	8.818±1.2847	8.6602±1.7394
眼跳总幅度	5	15.549±3.3545	19.1603±5.1481
	10	28.8633±3.0708	28.5809±4.642

修正眼跳正确率是被试在首次眼跳出现方向错误后,第二次眼跳方向做出正确的修正,第二次修正眼跳正确次数占总方向错误眼跳次数的百分比(王玉娥,2010)。错误眼跳的纠正时间和幅度是指做出错误的朝向眼跳后,被试向正确的注视位置开始眼跳的间隔时间和距离(周临等,2012),一般认为,这在一定程度上反映被试对错误反应的控制和纠正能力。事实上,由于运动组的反向眼跳正确率较高,某些情况下错误眼跳是极个别数,个体差异较大,因此在对比分析相关数据时,我们需要慎重。

对两组被试错误反向眼跳的数据进行独立样本 T 检验,发现只有在近端条件下,两组被试的眼跳总幅度差异显著 $T(38)=-2.212, P<0.05$,运动组的眼跳总幅度要低于普通组,其余差异不显著。

6.4 讨 论

人类很多的视觉行为都依赖于眼跳,通过眼跳,人们重新定位了注视点位置,将最感兴趣的信息转移到敏感度最高的中央窝附近。眼跳受到多种认知因素的影响,包括注意、学习、记忆和决策等方面,眼跳是受中枢神经系统控制的有规律的随意运动,眼跳运动的过程牵涉很多不同的认知加工,需要对自下而上的信息(刺激属性)和自上而下的信息(目的和意图)进行权衡(陈庆荣,2009)。

射击从专业角度来讲,是运动员对掌控自身心境平和的内力的挑战。这种内力对其心智与神气的凝结,是感觉与知觉的体现,是稳定情绪的自我控制。在具体的射击比赛场景中,运动员一进入场地后,首先是环顾四周的环境,了解自我射击的方位和对手的情况,在一切准备就位以后,缓慢将注意力集中到自我靶子位置。将技术动作程序缓慢在大脑进行回放,徒手模拟几遍,然后进入实弹过程。准备过程中,需要调整好自我状态和节奏,关注于技术动作的完成。观众的喧闹、对手的强势和自我成绩的变化等因素都需要自我主动抑制做好信息回避,稳定好情绪,保持技术动作不变形,优秀射击运动员必须具备宠辱不惊、淡定自若的优秀品质。

以往的研究表明,对视觉刺激产生眼跳反应包括一系列的步骤:分析视觉场景,注意里面的目标,记住目标的位置,决定看什么地方,准备眼跳,执行眼跳。眼跳可以分解为三个因素:时间(什么时候开始)、方向(向左还是向右)和空间距离(多大角度)。本实验中刺激的呈现时间、方向(正反)和角度(远近)都是按照一定比例随机呈现的,可以认为眼跳任务在时间、空间和方向上都被随机化了。被试无法预测即将出现靶子的位置在哪儿,必须集中精力,全神贯注,才能在最短的时间做出最准确的反应。射击运动员和普通大学生在眼跳认知加工能力上是否存在明显差异，这是我们着重想探讨的地方，主要包括被试的行为数据和眼动眼跳数据分析两部分，以下我们分几方面来进行讨论。

一般认为，被试的行为数据分析包括正确率和反应时两方面。在本研究中，反馈点的出现是在一定的时间间隔（1500～2000ms）以后，一般情况下，被试通过自我的认知加工调整后，都能提前预知到靶子的位置，将注视点保持在即将出现反馈点附近，一看到反馈点出现快速按键反应。搜集到的反应时指标主要体现为看到反馈点出现的快速按键反应时。因此，按键反应时指标在本实验中的研究价值并不大，相关所了解到的数据分析也无差异，虽然我们将数据进行了全面采集，但在分析中并没有详细报告。

大部分学者都认为，被试的反应时和正确率是反映被试信息加工策略倾向的重要方面，追求速度的同时必须要牺牲部分的准确率。眼跳的数据对比中我们看到，运动组的正确率高度显著于普通组，而按键反应时和普通组无明显差异，究其原因，我们认为是射击运动组更多的是采用保守稳定的搜索决策模式，牺牲了部分快速反应，是在保证高度准确的前提下去判断决策，这也是和射击项目这种不求速度，但求准确精细的运动项目特征有关，射击运动员是在有很大把握的前提下去击发目标，速度并不是他们所追求的快速，准确无误才是该项目最大的特征。因此，他们的正确率保持在较高水平，但反应时并不是他们所特别关注的。另外，我们从以往的研究中可以发现，快速反应时并不是射击运动员所必备的条件，他们更多的是缓慢均衡的扣下扳机，因此，对于按键反应时的数据统计，只是对被试能否持续关注在靶子位置的一个刺激反馈，提醒被试保持高度注意，并不是强调速度。

事实上，正反向眼跳任务只是要求被试快速将注意力转移到目标即将出现的位置，等待靶子出现时快速按键反应，靶子出现的时间是固定随机的（1500ms～2000ms），最后注视点必须稳定保持一段时间后才能对靶子位置快速按键反应。这种看见信息快速按键过程就是一个简单的目标按键反应,射击运动员在击发扣扳机的过程,动作是应该缓慢持续的(保持整个动作技术环节的稳定性),而普通大学生组并没有相关的专业训练,射击运动员的按键反应时并不以快速为准。

我们对正向、反向眼跳的行为指标和眼跳指标等数据进行采集,根据以往的研究文献以及本研究的目的等多方面考虑,选取了正确率、反应时、一次性到位率、最后注视点开始时间、眼跳潜伏期、注视次数、注视平均持续时间、首次眼跳幅度、眼跳总幅度等,力图全面深入地分析两组被试的认知加工过程中的不同。

6.4.1 正、反向眼跳关联

根据已有眼跳研究的经典范式,我们创新性地将正反向眼跳分析和判断行为指标进行了有机结合。将正反向眼跳实验综合到一项实验中完成(以往研究大多数是分开实验),对被试的认知要求具备一定的挑战。被试需要高度集中在中央线索的颜色变化上,如果是正向线索提示,那么注意资源需要快速的跟进外周新异目标的出现,如果是红色(反向)提示,必须抑制随后出现的外周目标线索,将注意力快速转移到镜向的对侧位置上。如此实验,比分开的两项正反向实验难度要提升不少,正向和反向有时会存在一定的干扰。例如,我们将正反向眼跳组合在一次实验中随机出现,正向眼跳的后边可能马上会出现反向眼跳,被试的注意力需要始终集中在中央位置关注线索颜色的变化,由于人注视力持续时间较为有限,因此很可能会走神或出现看错线索的情况,会导致错误眼跳的出现,相对而言,射击运动组的正确率较高,注意力也更为集中有效。

正向眼跳的正确率(95.13)、一次性到位率(44.13)明显好于反向眼跳的正确率(82.38)、一次性到位率(19.25),差异高度显著,这个不难理解,正向眼跳任务简单,被试可以跟随新异目标的出现快速转移注意,反向眼跳由于要克服外周新异出现带来的干扰,需要抑制外周目标出现,主动将注意力转移到对侧外周位置,任务难度提升,因此可以看到,反向眼跳的正确率和一次性到位率明显低于正向眼跳。

  正反向的整体反应时差异不显著,和以往的研究不太一样,分析原因我们意识到,这和实验本身的要求有着密切关联。本实验要求被试在即将出现靶子位置持续关注,等待靶子出现时快速按键反应,靶子出现的时间是固定的,间隔时间比较充裕,所有被试几乎都能在靶子出现前将注意力集中到该位置上,看到靶子出现时快速按键反应,这更多的是一种简单的按键反应,正反向出现靶子的时间都是在1500ms～2000ms范围内随机出现,图片呈现后快速按键然后才黑屏,我们记录的是被试看见靶子后的按键反应时,由于正反向实验中靶子出现的时间是固定随机的,因此他们的差异不显著,这个和以往实验中正反向的判断反应时间没有直接关联。

  最后注视点是被试认为已经判断好靶子即将出现的位置,并在该位置上持续关注,最后注视点开始时间我们认为是被试完成认知判断任务的一个重要行为指标,最后注视点开始时间短,说明被试能快速地找到靶子位置,认知加工能力较强。可以看到,反向眼跳最后注视点开始时间(0.8468)明显长于正向眼跳(0.7012),也说明认知难度增加,被试完成任务的反应时也增加。

  反向眼跳需要对外周刺激呈现的对侧镜像位置进行快速而准确的反应,这种范式需要根据外部线索进行内部的发动性行为,研究者总结出三部分:1.抑制去看目标刺激的冲动,即抑制对外源性刺激的定向反射。2.计算与目标刺激出现的镜像大概位置。3.自我发动意志性眼跳,主动去观察刺激呈现的相反位置,因此,反向眼跳需要更多的认知参与和更长的眼跳潜伏期。正向眼跳是目标指向性因素和刺激驱使性因素相互合作的模式,认知难度低,而镜像反向眼跳任务有更多的认知负荷要求,需要被试持续更新眼跳目标位置的方位和幅度信息等,会影响眼跳参数,如眼跳潜伏期和眼跳幅度等方面。

研究表明,正反向眼跳的眼跳潜伏期、注视次数、注视持续时间、首次眼跳幅度、眼跳总幅度等眼动指标,差异均为显著。反向眼跳与正向眼跳有着不同的神经活动机制,说明随着认知难度的增加,反向眼跳的眼跳潜伏期延长,注视次数增加,注视持续时间减少,首次眼跳幅度降低,但眼跳总幅度增加,这和以往的研究结果基本一致。

6.4.2 偏心距效应

偏心距效应(eccentricity effect),是指目标刺激离中心注视点的空间位置对眼跳各参数指标的影响。本研究的偏心距选择是借鉴卜晓艳等(2010)的研究设计,目标刺激与中心注视点的距离(视角)是重要变量,角度选择为左右随机的5°、10°。在一次正确的眼跳执行过程中,被试需要对目标位置的方向和幅度做出准确而快速的反应。视网膜从中心到外周一般分为中央窝视觉区(foveal region)、副中央窝视觉区(parafoveal region)和边缘视觉区(periheral region)。中央窝视觉区的敏感度最高,大约在注视点1°视角以内;边缘视觉区的视敏度最低,大约在10°以外;中间区域为副中央窝视觉区。我们选取的5°是在副中央窝视觉区,而10°是处于副中央窝视觉区和边缘视觉区的交互处。眼跳角度的选择也是在相关研究数据的基础上所采纳的。

本研究表明,外周目标的远近对眼跳的一次性到位率、注视次数、注视时间、最后注视点开始时间、眼跳潜伏期、首次眼跳幅度、眼跳总幅度这些指标上有显著影响。我们可以看到,处于副中央窝视觉区和边缘视觉区的10°远端目标位置,被试很难完成一次性眼跳任务,需要几个注视点的调整才能精确到位,要花更多的心理努力去完成视觉搜索,外周目标距离中心注视点的位置越远,偏心距增加,眼跳的一次性到位率降低,平均注视时间减少,注视次数增多,最后注视点开始时间延长,眼跳潜伏期、首次眼跳幅度和眼跳总幅度增加,本研究结果和以往成果基本一致。

以往研究表明,外围目标刺激距中央注视点越近(角度越小)则诱导性越大,抑制优势而不正确的眼跳就越加困难,也就越容易出现反向眼动的方向错误,即看向目标刺激。偏心率增加,正确率降低,但本研究的眼跳错误率并没有体现出明显的偏心距效应,分析原因,我们认为,可能和实验中正反向眼跳范式合并在一块实验有关,由于人的注视力持续时间较为有限,因此很可能会走神或出现看错线索的情况,导致更多错误眼跳的出现。同时,本研究的偏心距变量只采用了两个水平,还需要更多的实验论证。

6.4.3 组别效应

一次成功的眼跳是一认知决策过程,既有自下而上的信息(刺激属性),也有自上而下的信息(目的和意图)。一般认为眼动系统可以作为研究个体灵活控制行为的良好模型。且通过对眼跳任务诸多指标的考察,可以使我们更了解眼跳的生成过程(苏晓华,2009)。射击运动组和普通大学生组在眼跳经典范式中所表现出来的认知特殊差异,是本研究特别想着重探究的问题,按照以往的研究分析,我们分为认知行为指标和眼动指标两部分探讨。

首次眼跳方向的错误率、一次性到位率和最后注视点开始时间是我们所选取的认知行为对比指标。首次眼跳方向的错误率,是评价被试能否正确完成认知任务的一个重要条件。一次性到位率是在首次眼跳方向正确的前提下,能否一次性完成眼动任务的能力,可以认为,首次眼跳方向错误率越低,一次性到位率越高,说明被试对于正反向眼跳任务的完成情况更好,可以反映其眼跳的正确性和精确性。而最后注视点开始时间是被试完成视觉搜索任务以后,停留在即将出现靶子位置的反应开始时间,这可以从一方面解读成被试的反应时。可以看到,射击运动组的首次眼跳错误率较低,一次性到位率较高,最后注视点开始时间较短,尤其是在体现高级认知加工的反向眼跳任务中,首次眼跳错误率、一次性到位率,最后注视点开始时间和普通组有显著差异,说明运动组能较好地抑制优势、反射性的朝向眼跳,能快速形成对镜像位置的注视,注意的自我调整性较好。

注视次数、注视时间、眼动潜伏期、首次眼跳幅度、眼跳总幅度是我们选取的眼动眼跳的详细指标,从数据中我们可以看到,两组被试的注视次数、注视时间、首次眼跳幅度、眼跳总幅度的组别效应显著或接近显著,运动组的注视次数较少,平均注视时间较长,首次眼跳幅度和眼跳总幅度较小,说明射击运动员们能较好地利用或摆脱外周线索的刺激,能快速准确地找到反馈点即将出现的位置,注视点次数较少,用较短的视觉搜索路径完成任务,眼跳注视更精确有效(更接近于偏心距位置),认知信息加工的效率较高。

眼跳潜伏期是指从外周目标刺激呈现到被试做出第一次正确眼跳之间的时间间隔,一般认为是反映被试认知控制能力的一方面,眼跳潜伏期反映了早期的眼跳执行情况。可以看到,两组被试的眼跳潜伏期并没有显著差异,但总体上从数据看,运动组的眼跳潜伏期普遍比普通组要长,这个和预期设想略有不同,运动组在眼跳潜伏期指标上并没有体现出较好的认知控制能力。分析认为,这可能和射击运动员所应用的保守策略有关,射击运动是一项以稳定、准确取胜的个人项目,并不强调起动速度,必须要准确、稳定而流畅地完成技术动作,保持较高的认知判断。运动组可能采用的是一种稳妥、谨慎的注意调控,因此,他们在眼跳潜伏期上会较长,但保证了较高的正确率,控制行为的有效性。在现实的运动训练比赛中,射击运动员需要对中央位置的靶子进行高度持续注意,外周信息(击发信号)出现后,运动员并不急于开枪射击,首先要进行谨慎判断,将自我的注意力调整到较好状态(避免失误,强调动作稳定准确),缓慢瞄准,抑制其他外部干扰以及内心的情绪波动,流畅完成技术动作,注意的自我控制能力强,以稳准取胜,这是和射击项目的专项特征紧密相关的。

可以看到,眼跳实验作为研究抑制功能的良好方式已经积累了大量的研究成果,反向眼跳必须首先抑制朝向外周刺激的自动眼跳,然后快速对不存在刺激的位置生成一个随意性的眼跳行为,对被试高级执行功能的需求较高,是检验被试认知负荷能力强弱的一个重要任务。

射击比赛是以运动员命中环数的多少取胜,客观的说,命中率是由技术环节决定的,而事实上,心理(心态)因素直接影响着自我技术的发挥,尤其是在关键比赛中至关重要。因此,我们可以认为,射击运动是由心理加技术来决定成绩的,比的是心理加技术的整合能力。只有心平气和、动作清晰、感觉敏锐才能很好展现自我。著名射击运动员赵颖慧曾说过"比赛时心要定(心理要稳定)、脑要清(脑子要清醒)、身要稳、手要狠(敢于做动作)",运动员必须要避免精力前移,将注意转移到可以控制的事物上,提高对比赛的控制感。

我们的研究中发现,运动组和普通组在反向眼跳任务的大多数认知行为指标和眼动指标上都差异显著,他们的错误率较低,一次性到位率却较高,能较快地找到目标位置(最后注视点开始时间),注视次数较少,首次眼跳距离和眼跳总幅度也较少。我们认为,射击运动组能用较少的注视点数(注视次数)、较短的路径(眼跳幅度)、较快的时间(最后注视点开始时间)、较高的准确率(错误率和一次性到位率)完成视觉搜索眼跳任务,实现对于目标的精准定位,说明射击运动员他们的注意灵活控制行为的能力较强,这和射击运动的专项背景有着密不可分的联系。

6.4.4 错误反向眼跳的眼动研究

由于正向眼跳的错误率较低,因此我们只对较高认知难度的反向眼跳的眼动指标进行分析。可以看到,随着偏心距增加,注视的总时间增加,最后注视点开始时间变短,错误眼跳的首次眼跳幅度、纠正幅度、眼跳总幅度都呈现快速增加,对比差异显著。

远侧目标任务中,运动组错误的只有 8 人,普通组 19 人,说明运动组的反向目标正确率较高,错误人数少,因此对相关数据进行比较分析时要特别慎重。例如,某位运动员的远端错误反向只有一个,很有可能是刚开始阶段并没有完全理解认知任务所造成的来回注意,但她的修正眼跳正确率为 0,错误眼跳幅度较大,会影响整体数据结果。

由于近侧外周新异目标的出现离中间位置近,被试更容易受到外围线索目标的牵引出现错误眼跳,因此错误率明显增加。近侧目标中,运动组错误有 14 人,普通组有 15 人,可以看到,运动组近侧目标的首次错误眼跳幅度、纠正眼跳幅度、眼跳总幅度明显少于普通组,说明射击运动员在近侧能快速摆脱错误位置的牵制,用较短的注视路径实现重新正确的视觉导向,但由于错误眼跳的个体差异较大,个体错误次数也有较大差异,部分被试的错误次数少但平均后各指标的差异更大,需要我们慎重选择判断分析。

6.4.5 本研究的创新性

本研究中,我们在现有数据指标的基础上,大胆的进行了创新性分析,提取出最后注视点开始时间和一次性到位率这样的新指标,这是在以往的研究成果中没有体现的。我们是基于以下的考虑。

1. 可以看到,运动组的正确率一直保持在较高的水平,从每位被试的注视轨迹图上看,有些自我注意调控能力较强的被试,基本上都是从中间位置开始就实现了一个注视点转移到位的现象,尤其是在近端位置,一次性到位率较高,并且具备较好的组别效应,因此,我们大胆地尝试将认知任务中只有两个注视点的情况单独分析讨论,发现还是具有一定的说服力,这也是对首次眼跳错误率对比显著的一个更好完善,能从另外一个角度说明运动组注意的自我调控能力较强,能够较快而准确地完成眼跳认知任务，丰富了我们的分析方法手段。

2. 在分析 Tobii 眼动仪自带的原始数据统计过程中，每个注视点的开始时间和结束时间都有记录，因为最后注视点的位置是被试认为即将会出现反馈点——靶子的位置，被试会将注意力停留在该位置很长时间，等待反馈点出现，快速按键反应，然后才能进入下一次实验。被试从中间位置脱离注视开始，在最后注视点开始前，都是一个视觉搜索判断的过程，反映了他们能否快速准确找到目标位置的一个指标。以往的眼跳研究中，行为指标选择上一般都是首次眼跳错误率这样的指标，并没有对反应时提出过多的要求，也没有要求被试按键反应。而本研究中，运动员是一特殊群体，他们对准确性和速度有着较高的敏锐性，对于没有明确要求的实验主观上有着一定的懈怠，因此本研究中，加入了反馈点的按键反应，这样会让被试快速地形成对靶子位置的持续注视，一方面是和运动场景有着一定的关联，另一方面也是促使被试更积极正确地对待实验。我们对最后注视点开始时间的数据整理，可以认为是对被试形成正确判断反应时的一个很好的数据指标，对于比较运动组和普通组之间认知行为差异的一个有效指标，达到了预期效果，也能很好地从专家新手范式上得到解释。

6.5 结 论

6.5.1 研究发现，射击运动组能用较少的注视点数（注视次数）、较短的路径（眼跳幅度）、较快的时间（最后注视点开始时间）、较高的准确率（错误率和一次性到位率）完成视觉搜索眼跳任务，说明射击运动员他们的注意灵活控制行为的能力较强，这是和射击运动的专项特征紧密关联的。

6.5.2 反向眼跳与正向眼跳任务有着不同的神经活动机制，反向眼跳的眼跳潜伏期延长，注视次数增加，注视持续时间减少,首次眼跳幅度降低,但眼跳总幅度增加。

6.5.3 目标偏心距增加,被试的眼跳正确率提高,但一次性到位率却降低,眼跳潜伏期变小,注视次数增多,最后注视点开始时间延长,眼跳潜伏期、首次眼跳幅度和眼跳总幅度增加。

7 总体讨论

科学研究的目的就是为了揭示事物之间的因果关系及规律性,但是事物之间不是简单的联系,而是有着各种各样的复杂关系。所以,要想揭示它们之间的规律性就必须对无关的因素进行严格控制。从科学发展史上看,严格的实验方法促进了近代科学研究的深入和发展,可以说,如果没有近代自然科学的实验方法的兴起,也就没有现代科学技术的繁荣与发展。在心理学的发展历史上,如果不是 18 世纪一些心理学家受当时自然科学研究的实验方法的影响,用实验方法对人类心理活动进行研究,那么心理学至今仍然在哲学的襁褓之中,具体到认知心理学的发展也是如此(朱滢,2000)。

认知心理学的观点认为,心理过程可理解为信息的获得、贮存、加工和使用的过程,或者说,是经历一系列连续阶段的信息加工过程。从中可以看出,认知这一心理活动过程具有动态、内隐的特点,由于运动本身也是一个不断变化着的活动过程,因此,对运动中的认知过程进行测量有其独特之处,并不可避免要遇到困难。如何分析与解决运动中认知测量的难点十分重要,这对于研究运动员的认知过程特点,进而实施合理的认知操作训练是十分有利的(高亚娟,毛志雄,周忠革,2005),而眼动记录分析法为实现运动认知过程的即时测量等方面提供了有力保障。

射击运动对运动员的心理能力提出了很高的要求,例如在开始据枪时,注意力首先要集中在对枪和人重心的稳定性上,然后慢慢转移到瞄准目标,形成瞄准表象,预压扳机越来越实,适时击发,技术稳定协调,动作流畅。优秀射击运动员能做到人枪一体、技术动作统一,身心一致,使人、枪、靶吻合到最佳点,达到"人、枪、靶三位一体"的最佳状态。可以认为,射击运动员具有独特的心理特点,队员们在比赛过程中需独立作战,关注于自我技术动作的发挥,不受外界环境的干扰,对精确度要求极高,竞争激烈,胜负往往就在一瞬间,对运动员的心理承受能力,情绪变化调节、技战术动作稳定、自我控制能力等方面都具有极高的要求。

利用心理学的研究范式和研究手段,结合运动认知心理学的研究成果和射击运动的专项情况,我们尝试全面分析射击运动员的专项眼动特征,了解被试的认知加工过程,在完成实验形成总结的过程中,我们发现还有以下几个可以展开讨论的方面。

7.1 眼跳和注意的关系

神经生理学的研究已表明,大脑中控制眼跳的区域和注意的区域有很多部分存在重叠。空间注意和眼跳行为有着密切联系。当人们想把注意力转移到视觉范围内的某个位置时,通常会伴随着一定的眼跳行为。这种伴随着视线转移的注意被称为显性注意(overt attention)。但有时注意的转移并不会伴随着相应的眼跳,例如当人在注视视野中心区域时,依然可以注意到一定范围的目标,被称为隐性注意(covert attention),也就是在注视过程中发生的注意转移。脑成像的研究也发现负责注意转移和眼跳的神经系统很多是重叠的(Beauchamp, Petit, Ellmore, Ingeholm & Haxby, 2001)。

射击运动员对注意力的要求十分重要,主要体现在三个方面:(1)要把注意力集中在自己身上,不要去想别人;(2)要注意自己内部的感受;(3)要注意手部和全身技术动作的程序化,才能瞄得更准,不要光想着瞄靶子上的10环而把注意力全移到靶子上。射击运动员一般都要有较好的狭窄外部注意力,运动员要把注意力集中在自身的技术动作上,按照既定程序完成整套射击动作,同时要尽量减少对外部情况的注意,过滤掉来自观众、教练、对手等其他人员的干扰信息,从而达到自身较高的射击成绩(甄玥,2011)。

无论是内源眼跳和外源性眼跳,都与注意密切相关。例如,我们想转移注意到外周注视范围的某个目标时,主要会通过眼睛跳动将边缘位置的目标转移到中央窝,从而获得清晰的视觉影像。另外,外周出现新异目标时,通常会不自觉地吸引我们的注意资源,产生不自主的眼跳行为。人眼周围有很多信息来源,有的是我们所希望获取的,而有的是我们希望回避的,人可以有目的进行注意选择。一方面,人们可以通过眼跳运动来完成选择注意,而另一方面,人们可以在眼球不动的情况下实现注意转移(内隐朝向),这两种方式都能对视觉目标的选择起到促进作用。例如,排球二传手的隐蔽传球,眼睛注视点还在主攻手位置,但注意已经转移到身后快攻手,让对方的拦网摸不到方向。可以说眼跳是注意的一个外显性指标。然而,众所周知,眼动中的注视点与注意集中点并不是完全对应的,有时我们眼睛看向某固定点但注意却没在该物体上,这表明在不转移注视点的前提下,注意可内源性转移从而强化注意定位处的认知加工(Posner,1980;Hutton,2008)。

大多数研究者认为注意和眼跳存在密切联系,只是在关联方式的理解上还存在争论。Klein(1980)首次根据以往的经验证据提出视觉注意的认知控制涉及一种眼动准备机制的假设,他认为当注意倾向于转向某一特定位置时,对该位置的眼跳动作已经将要准备发生但并未实际执行,在准备眼跳的最开始时内源性注意就已经开始启动。Klein 的实验并没有取得预想的证实,但他的思想是具有开创性和启发性的,受他的影响,Rizzolatti,Riggio,Dascola 和 Umilta 在 1987 年提出了动前假说(premotor hypothesis),动前假说认为,对某一特定位置的注意转移的达成是建立在对该位置准备进行的眼动计划基础上的。

Hederson 在 1992 年提出了顺序注意模型(sequential attention

model),该模型包含五个基本假设,也是视觉选择的五个步骤:(1)在每次注视的初始注意都分布于注视点中心;(2)当对当前注视刺激物进行的辨识活动达到一定认知临界值或已经完成辨识活动时注意会在其他区域重新分布;(3)在注意重新分布的过程中,对新刺激物的眼跳计划也在准备中,并且注意将集中于新眼跳目标物;(4)注意的重新分布对新刺激物的高水平分析做好准备。(5)随后眼跳根据计划在注意转移后发生。

Schneider(1995)提出视觉注意模型(visual attention model, VAM)来描述视觉注意与眼跳的密切关系。该模型提出,个体具备独立的视觉注意机制,它具有行动选择和客体认知选择的双功能。眼跳的执行需要独立的"行进"信号。

Godijn 和 Theeuwes(2002)提出了竞争整合模型(competitive intergration model),它主要用以解释内源性眼跳计划和外源性眼跳计划的竞争关系,但同样也涉及视觉选择过程中眼跳和注意的关系问题,注意在对眼跳地图发出控制信号以做出眼跳计划的同时也告知视觉系统所选择加工客体的特征。

还有学者认为,关于眼跳与注意之间的关系主要有以下几类观点:独立假设(independence hypothesis)认为,同一系统不能控制注意和眼跳两类加工过程,两类加工过程相互独立;交互关系(reciprocal relation)假设认为,两类加工在执行中的某些阶段共享一些资源,存在交互影响,指向某一位置的眼跳准备能够促进注意对外周位置的分配,并且注意分配到目标位置会降低眼跳潜伏期。功能关系(functional relation)假设认为,注意与眼动的关系经常更多地依赖于对一个外周事件重要性的解释。如果外周事件不重要,被试可能不会发生注意转移。

总而言之,研究学者们倾向于从两个方面解释眼跳与注意关系。一种认为,注意转移与眼跳由不同的神经系统控制,它们都对同样的自上而下、自下而上的信号反应从而使两者形成了一种相关关系而不是功能性关系。其二,将二者的关系更进一步解释。认为中枢系统做出眼跳计划过程包括"注意解除"阶段,在眼跳准备期大脑会对眼跳位置进行"计算",这种计算的结果就是注意进行转移。再者,则认为,眼跳与注意转移是一种功能性相关。正是由于注意的转移导致了眼跳活动的发动。

可以认为,在瞄准、击发的过程中,射击运动员必须要综合分析自我和外部环境,采用最优化策略,将注意力合理分配到技术动作、思维和靶子等环节,减少干扰因素。眼跳和注意紧密相关,尤其是在注意的灵活转移和眼动的主动抑制方面。对射击运动员的眼跳眼动研究,这也是对运动员注意力能力的全新角度剖析,我们认为具有较好的实效性和针对性。

7.2 各实验中所选取眼跳指标的分析

正向、反向眼跳中我们采用的是首次眼跳方向正确率,而正反向眼跳任务中我们用的是首次眼跳方向错误率,事实上是一个事情的两方面,并无明显区别。可以看到,正向眼跳、反向眼跳的正确率要明显高于正反向眼跳的正确率,这个不难理解,因为在正反向眼跳任务中两种任务范式相叠加,认知负荷提高,会导致被试首次眼跳的错误率增加,比单纯的眼跳任务更难。

正向眼跳中我们选用了注视总时间,正反向眼跳中我们提取了注视平均时间,注视平均时间是注视总时间和注视次数之比,被试是在看见靶子出现后快速按键反应然后黑屏,注视总时间和按键反应时是紧密相关的,反应时并不是我们想了解的重点部分,因此并没有展开分析。

目标偏心距增加,反向眼跳的正确率增加,但在正向眼跳、正反向眼跳任务中并没有体现出偏心距效应,分析原因,我们认为,这可能和眼跳任务要求有关,正向眼跳的正确率原本就是很高的水平,体现不出偏心距效应。而正反向眼跳实验中因为包括有正向眼跳(正确率很高),正反向眼跳综合以后,导致整体的偏心距效应并不显著。可以清楚看到,在反应认知控制能力的眼跳研究中，运动组整体正确率要明显要高于普通组，也说明他们的调控能力更好，更出色。

从以往的研究文献中我们发现，眼跳的指标选取并没有得到广泛的认可，不少研究者只是从实验设计、眼动仪器所采集到的数据中选取有用的部分，相关的眼跳研究和大规模的眼动研究之间还是存在有一定的差距。在反复探索本实验的过程中，眼跳部分中我们增加了最后注视点开始时间、一次性到位率等，而注意稳定性测试中我们还选取了访问总时间、访问次数、扫视速度等指标，这和实验本身的设计有密切关系，也是本研究所进行的大胆创新尝试。以往的研究中很少有相关的眼动指标选取报道，但这些指标的选取却能很好体现两组被试的认知加工差异，因此我们认为是可取的，也期待为相关的研究提供一定的新分析手段。

注意追踪实验是采用单个线条追踪的方法，每次视觉追踪完成后被试需要重新回到左侧开始下次实验，中间的间隔休息调整时间是被试自己能按键控制的，这和眼跳实验的指标选取有很大区别。事实上，两实验的测试时间相差了一年多，视觉追踪实验只是采用了 Tobii 公司自带的 Tobii Studio 软件进行原始数据处理，和眼跳实验中所采用的 ErgoLAB 人机环境同步平台是有较大不同的。前者的数据更原始庞大，后者更便捷，但有些眼动指标并不能很好保留。忠于原来的实验设计，也因为运动员测试的诸多不便，因此我们也没有利用 ErgoLAB 人机环境同步平台再次进行注意追踪实验。部分眼跳实验中还保留了速度峰值指标，具体原因是因为 ErgoLAB 人机环境同步平台升级对某些数据的处理具有不兼容性，先期处理的眼跳数据和后边数据并没有形成一致性，很多数据中也无法及时有效地获得速度峰值的数据指标，而查阅相关的文献资料，速度峰值并不是眼跳分析中一个十分重要的指标，因此也并没有再次对相关数据进行整理分析。

7.3 信息加工的速度和正确率的权衡

运动员的高级认知过程,如运动思维、运动决策等,一直是体育运动心理学研究的重要内容之一。斯特拉和威廉认为,认知运动心理学是对运动员心理过程和记忆结构的科学研究,目的是理解并优化运动员的个人和集体行为。按照这一定义,运动员被看作是活跃的有机体,他们在积极地寻找、过滤、有选择地处理、重新组织并创造着信息。认知运动心理学注重对运动员技能表现的软件成分分析,即研究与技能的认知成分有关的各类问题(张力为、毛志雄,2003)。

运动员在运动过程中必然涉及复杂的认知过程,认知过程的操作特点不但反映出运动员技能水平的高低,更加决定了比赛的胜负,这一领域已受到运动心理学研究者越来越多的关注。国内外运动心理学家在认知领域进行的主要工作涉及注意、知觉、记忆、运动直觉、思维与决策等方面内容,采用的研究方法包括:实验室或其他控制性研究、认知报告、个案研究、自然观察等,并运用眼动记录法、脑电图、录像等先进技术对信息加工方式进行诊断与分析。

一般认为,反应时间在一定程度上能较灵敏地反映人的工作能力、工作潜力、应变能力和注意特征等心理特点,是构成运动员整个心理素质的重要因素之一(柳起图、韩潮,1985),凡是涉及快速的信息加工过程时,多用以反应时为指标的实验,而运动训练、竞赛中的信息加工又常常是快速进行的,因此,体育运动认知心理学主要采用反应时的指标来了解运动员的信息加工能力以及运动员和普通人之间的差别(马启伟、张力为,1998)。

任何运动项目,其制胜的本质是一致的,运动员必须要以尽快的速度(短时间内捕捉到有效的信息)准确的(具有极强的空间定位能力)完成既定的技术动作(张力为、任未多,2000)。究竟是什么使专家在信息加工和决策过程中表现的更好？Miller(1974)提出假说,专家的良好表现是由于运动的专门知识和技能使信息加工变量的结构和序列规律化。Anderson(1982)和Wall等(1986)提出,专家发展了复杂的关于运动的陈述性和程序性知识,从而使他们能够更有效地加工信息。专家可能采用平行方式(组块能力)加工更多的信息,或者某些信息加工步骤对于专家来说是不需要的(程勇民,2005)。另一方面,专家的优越表现可能是因为他们不需要在定格实验中证明自己的预期。Bard等认为,要评价专家信息加工的能力,还需要进行更多的研究,可以建立一个知觉效能索引(Perceptual Efficiency Index),其中包括滤过能力、提取能力、检测敏捷性和加工速度等因素(漆昌柱、徐培,2001)。运动专长的实质就是选择最佳策略,满足知觉或运动方面的需要。专家和新手对同一任务可能进行不同的平衡,专家将信息加工任务最大化,而动作反应主要依靠自动化加工。

专家在记忆系统中存储了大量的图式和表象信息,这些图式和表象又构成了若干个心理模型,这些模型就是所谓的"形态",反映了运动员自身与对手及赛场环境的空间关系,这些心理模型的运用也极大地缩短了信息提取的时间。从某种意义上来讲,成为专家,就要经历一个由慢的陈述性知识大运用转换成快的程序性知识应用的过程,而练习、经验是缩短这一过程的有效途径。专家在心理表征上形成了更多的图式、表象和心理模型,他们掌握了更多的生产式规则,并能进行有效的构成(付全,2004)。

以往的专家——新手研究成果更多的是出现在开放型的项目上,开放型的运动员专家需要在短时间内快速而准确地进行外界信息判断处理,关注到重要信息点,进行预判和有效扫描,达到准确及时的反应,为取胜而竭尽所能。闭合型项目主要是以自我注意要求为主,包括射击、体操、跳水等以自我心理调整为主,发挥出自我技术动作,要屏蔽一定的外部环境。可以看到,以往对于闭合型项目的眼动研究非常少,主要原因是自我眼动特征表现不好把握,关注的信息少而存在有很多不确定性,我们的研究可以说是对现有运动认知心理学领域研究成果的有效补充,是一次大胆而有效的尝试。

综合反应时和正确率的权衡原则,本研究的几项实验中并没有出现专家和新手之间在反应时上的显著差异,我们认为,这和射击项目的特征是有紧密联系的。射击项目的专业化主要是体现在对于技术动作的流畅稳定性,并不需要在复杂多变的外部环境中快速反应。射击运动的特点就是人、枪、靶复合感觉定位的高度准确、一致和稳定,精确性要求很高,运动员需要情绪高度稳定,注意力高度集中,关注于自我技术动作的完成,掌握好自我节奏,善于调整。击发过程中,射击运动员的启动速度并不是射击项目所特别强调的,而高度的准确性至关重要。运动员在倾向于准确稳定的前提下,信息加工的速度并不是他们所想追求的,这和他们的专业特点有着直接联系。

另外,射击运动并不是单纯的肌肉感觉,而是与视觉、听觉、触觉、平衡感觉和本体感觉密切相关。射击运动的技术动作较为单一,运动技能容易形成,具有"易学难精"的特点,心理节奏是个体对运动表象或自身运动的时间与空间动态特征的专门化知觉,其包括行为目标所内化的动机,所引发的情绪以及生理唤起的时空知觉(梁祎明,2014)。在训练和比赛中,教练员经常提示运动员要把握好自己的节奏,自己的节奏是结合自身的生理特征、心理特征和训练水平,在自身能量输出允许的情况下,针对当前运动任务和情境采取的最佳运动模式(高春刚,2010)。个体首先应该准确了解自身能量的储存状况和当下的输出状态,以及未完成的任务还需多少能量,然后采取某种策略进行调控。这个调控系统由潜意识和意识共同组成。感知觉在调控中起中介作用,因此在运动心理训练中对感知觉的训练非常重要(李胜光,2009)。不同的运动项目有不同的心理节奏,每个个体也有适合自己的最佳心理节奏(Abbiss,2008;Gibson,2006)。这种由人的身体表现的复杂运动不仅仅要考虑物理意义上的节奏呈现,而且要考虑物理与心理节奏之间的相互协调,即形神的和谐统一(张忠秋,2013)。

射击运动员的自我运动节奏是极具特点的一个方面。因此，从另一个角度来看，射击运动员信息加工速度和正确率的权衡，也是和运动员本身的自我节奏有着一定的关联。

7.4 几个实验的关联

针对射击这项以自我注意为主的闭合型项目，我们并没有采取认知眼动研究中常用的观看专项图片、视频的分析方法，原因之一是原有的分析方式手段很难和射击项目有着紧密关联，射击运动环境比较单一，视觉信息的提取并不和其他项目一致，外部信息并不是主导作用。另一方面也是大胆启用新的分析方法，用不同的研究视角力求探究射击这一专项认知加工特征。射击项目以往的眼动成果并不多见，而在眼跳方面的研究更是少之又少，因此，我们尝试引用新的手段，既是丰富认知心理学的研究内容，也能为相关的专项运动认知理论提供更多的素材和实证研究成果。

本研究中实验一是对被试选择性注意的稳定性研究，选用了视觉追踪线条的方式，搜集被试在视觉追踪过程的具体轨迹、注视次数、注视时间等眼动指标和反应时、正确率等行为指标，实验二、实验三、实验四都采用的是经典的眼跳范式研究，搜集的眼动指标主要是眼跳潜伏期、眼跳幅度等眼动指标和错误率等行为指标，我们可以看到，所有实验都是对不同组别被试视觉注意的认知行为和眼动特征进行探讨，一方面通过不同的认知任务了解被试在信息加工过程中的判断反应和正确率，考察他们的信息决策能力。另一方面是通过眼动仪记录被试的注视次数、注视时间和注视轨迹等眼动指标，了解他们视觉注意的特征，对比射击运动组和普通大学生组之间的各项指标差异，探讨优秀运动员信息加工的优势所在，为相关专项运动的眼动研究提供不同的研究视角和内容。

可以看到,任务难度对两组被试的影响并不相同,注意追踪实验中,简单任务时体现不出专家优势,而在复杂条件下射击运动员的认知加工更为出色。在一系列眼跳研究中也有类似的结果,正向眼跳任务简单,两组差异并不显著,反向眼跳任务难度增加,专家组的优势得以体现,不仅是在正确率这样的行为指标上,在注视次数、最后注视点开始时间、眼跳距离等指标上都和普通组存在有较大差异,说明任务难度是体现射击运动员和普通大学生之间认知差异的一个重要方面。我们认为几部分实验是有机关联的,都是射击运动员专项眼动特征体现的几个方面,能够反映出专家的认知优势,从运动员的专项认知水平角度探讨专项运动心理能力的发展特征,通过两组被试的认知行为指标和眼动指标的对比分析,揭示有关专项心理能力的培养机制,探讨运动员的信息加工效率。

例如,"精力回收"是射击训练和比赛中常被提及的一个词,是指在举枪、瞄准、击发的过程中,精力(注意力)始终集中在动作上,而不是过多去关注瞄准,这不仅有助于枪支稳定性的保持,更有助于情绪稳定性的保持。从另一个角度来看,一方面是体现稳定性(动作和心理),另一方面也是对被试的注意认知调控能力的体现,我们需要始终把注意力关注于有效信息上,把注意力放在专注技术动作过程,射击中不去想成绩、环数,避免外界干扰等。

7.5 尚需进一步研究的问题

在进行实验的过程中,尤其是在对普通大学生测试过程中,我们发现,反向眼跳成绩较好的被试,一般的来说,思路比较清晰,理解能力较强,和大家之间有一个较好的沟通,能够一点就通,进而我们想到了是否和学业成绩有一定的关联?通过和学生的口头交流,发现大部分反向眼跳成绩好的学生,成绩还是比较出色的。反向眼跳已经被很多专家学者用来分析解读,大部分研究对象出现在对精神病患者、老年人、儿童这样特殊群体的比较中,但是和学业成绩是否存在较大的关联,目前还没有学者对其展开调研。由于时间和精力有限,加上学生之间流动性较大,学业成绩这个比较隐私,学期之间差异也较大,所以并没有展开比较,但如果结合智力测评量表之类的分析,我觉得是可以深入进行的。

同时,运动组实验对象的竞技水平也存在着一定差异,但较高竞技水平的被试并没有完美体现出在反向眼跳成绩上的优势,而相反那些比较中等水平的运动员,眼跳成绩可能更为优秀。由于运动组实验对象过于狭窄,运动水平在国家级、一级、二级之间,差异较大,我们并不能轻易得出结论。对于错误眼跳的数据分析,个体差异特别大,有的错误数据是被试多次错误的平均,但某些被试只有极少数的错误,尤其是出现在开始阶段并不是那么清楚实验要求的时候,这样的数据对比差异存在着一定的风险。

注意稳定性测试中,极个别被试由于对操作键盘不太熟悉会导致眼跳和反应时的增加,将注意力集中在电脑屏幕的某个区域,也会出现反复眼跳,注视点离开电脑屏幕的现象,相关的数据筛选也会有一定的难度。

本研究所采用的专业的眼动仪 Tobii TX300,该设备记录数据准确有效,操作比较方便,被试所受限制的范围较少,是国内外先进的眼动记录仪器,但相关的研究成果不多,数据指标的筛选比较困难,生成的原始数据内容较为有限,转换成所想要得到的内容还需要编程处理,该设备用于工程心理学较多,但在认知心理学方面研究成果欠缺,也缺乏相关可以探讨交流的专家学者。另外,眼跳研究方向是一个逐渐兴起的领域,很多研究方法和手段和被试的实验目的手段有直接联系,选取的研究指标内容并没有完全得到大家公认,包括预测性眼跳、快速眼跳等,不少研究成果的可重复性存在质疑。

同时,体育认知心理学领域目前对生态学效度要求的呼声越来越高,我们仅是采用了典型的眼跳研究范式,和真正的运动情境还有一定的出入，我们需要进一步改进提高，例如模拟射击项目中的靶子特征，要求被试先集中注意在中间的圆心位置，外周出现刺激后判断是否有效，再灵活调整注意资源，快速有效地完成眼跳任务。和运动情境进一步的结合，这是我们需要多努力深挖的一方面。

8　总结论

通过对射击运动员和普通大学生两组被试在几个认知任务实验中的整体表现,我们可以得出以下几点结论。

8.1　注意追踪实验中,认知加工的任务难度对于被试的行为指标和眼动指标有显著影响。任务难度增加,被试的反应时也增加,正确率下降,他们的注视点持续时间、注视次数、访问总时间、访问次数增加,而眼跳距离、扫视速度减少,说明被试需要花费更多的时间和精力去完成视觉追踪任务。简单任务中,射击运动员的访问总时间、访问次数和眼跳距离均少于普通组,有显著差异。复杂任务中,运动组反应时明显快于普通组,运动组的注视点持续时间、注视次数、访问总时间、访问次数、眼跳距离、扫视速度都要短于普通组,呈现出显著差异,这说明在复杂情境中的信息处理中,运动组要优于普通组,他们的加工效率更高,视觉追踪能力更强,注意稳定性要好。

8.2　正向眼跳任务中,射击运动组的正确率更高,一次性到位率也好于普通组,说明他们的认知加工效率更高。随着目标偏心距的增加,被试的眼跳潜伏期增加,一次性到位率下降,最后注视点开始时间、注视次数、眼跳幅度增加,具有明显的偏心距效应。近端位置的正向眼跳任务中,运动组的注视次数、眼跳总距离要明显少于普通组。

8.3　反向眼跳任务中,运动组的反向眼跳正确率和一次性到位率高于普通组,呈现显著差异,说明射击运动员能较好地抑制住优势的、反射性的朝向眼跳,他们的自我意识控制能力要强于普通大学生组,拥有较强的认知抑制功能。随着目标偏心距的

8 总结论

增加,被试的眼跳正确率提高,但一次性到位率却降低,眼跳潜伏期变小,注视次数、眼跳幅度增加。正确反向眼跳中,运动组的眼跳潜伏期较长,眼跳总幅度较小。分析认为,可能是运动组采用的是一种更为谨慎、稳妥的注意调控策略,宁可判断反应时间长,也要保证较高的判断正确率,反映出射击运动员的目标精确性更强、更准确。

8.4 正反向眼跳任务中,射击运动组能用较少的注视点数(注视次数),较短的路径(眼跳幅度),较快的时间(最后注视点开始时间),较高的准确率(错误率和一次性到位率)完成视觉搜索眼跳任务。反向眼跳与正向眼跳任务有着不同的神经活动机制,反向眼跳的眼跳潜伏期延长,注视次数增加,注视持续时间减少,首次眼跳幅度降低,但眼跳总幅度增加。目标偏心距增加,被试的眼跳正确率提高,但一次性到位率却降低,眼跳潜伏期变小,注视次数增多,最后注视点开始时间延长,眼跳潜伏期、首次眼跳幅度和眼跳总幅度增加。

几部分实验都表明,射击运动组具备较好的注意调控能力,尤其是在复杂任务条件下两组的认知行为指标和眼动指标差异更为显著,运动组的正确率更高,注意灵活控制行为的能力更强,这是和射击运动的专项特征紧密关联的。

结　语

　　完成本研究,实为课题结项的一大部分任务,慢慢积攒开来,从刚开始批复下课题的兴奋,对于射击项目的一知半解,到观摩射击比赛,到下队测试,完善实验设计,收集整理数据,讨论完善并付诸稿件,一步步走来,真心觉得很不容易,很多时候就想要放弃,还好,慢慢坚持到了最后。射击项目的确是我们的传统优势项目,有着丰富的竞技体育人才资源储备,但其专项视觉信息加工比较独特,相关的眼动研究也较为少见,同时,也很难和我国最高竞技水平的运动员之间有直接接触,个体差异还比较大,因此,前后反复折腾了好几年,感谢朋友们的帮助,让我最终完成了这项任务。

　　首先要感谢我的合作伙伴——北京津发科技股份有限公司的各位朋友,包括赵启超、王清菊经理,杨冉、班胜星、孙国强、罗成、张兰、李海霞等同事,他们无偿地给我提供了技术设备并积极配合我进行数据分析处理工作,从 Tobii 眼动仪的门外汉,慢慢学会技术操作和分析,这其中不仅有思维火花的碰撞,还有更多的默契交流。

　　要感谢北京师范大学心理学院张学民教授的指导和关心,是他引导我走进眼动分析这样的认知大舞台,每每遇到困惑和难题时,张老师总是能给予我支持和鼓励。还要感谢魏柳青同学的帮助,是她帮我编写了第一个眼跳程序,有时还经常麻烦她调整实验设计,而她却从无怨言。还要感谢北师大体育与运动学院的殷恒婵教授的指点和提携,殷老师不时鞭策我,指出我的不足,让我沉下心来好好修炼,学海无涯,不进则退。感谢北师大政府管理学院李永瑞老师的鼓励,他清晰的思路和敏锐的判断一直是我学习的榜样。

感谢我的导师北京体育大学葛春林教授,张力为、毛志雄教授,迟立忠、王英春、张禹老师,首都体育学院的刘淑慧、李京诚教授、徐守森老师等,国家体科所的丁雪琴、王向东、肖丹丹、邢洋老师,在运动心理学的每一点小进步都是和大家的帮助与指点有关,大家对我的支持一定会让我铭记在心。

感谢军事体育运动大队射击队的李勃大队长、朱川华、于洋等教练和高峰领队,体科所的张海忠、张红艳、樊晨光等老师对我的帮助和支持,让我开始了真正的实地测试工作,和队员们交流探讨,也让实验进一步加以细化。

感谢我的博士同学包呼格吉乐图,是他非常热心地帮我联系到了内蒙古射击队,让我的实验对象得到了进一步扩大。感谢内蒙古自治区射击射箭马术运动管理中心的范春阳主任、刘亚峰书记、盛浩明总教练以及胡喆老师给予的大力协助,在呼和浩特测试的四天时间,还下了2015年的第一场大雪,收获很多。

还要感谢我的老乡胡仁军给我所编的注意稳定性测试程序,感谢周斌、丁剑仪等老乡,感谢我的工作单位首都经济贸易大学体育部的蒋薇主任、贺慨书记、王长友副主任等领导的支持,感谢孙杨老师等同事的帮助,工作单位一直给予我充分的施展空间,在教学、科研中找到一个较好的平衡点,这也是我的幸运。

此外,我还要感谢国内外心理学、运动心理学的诸多研究学者,没有他们前期所进行的各项研究成果,就不会有我论文的雏形。还要感谢运动员、普通大学生的所有被试,他们不仅积极配合完成我们的实验,也给我们提供了很好的建议和帮助,取得的点滴进步,也都离不开他们的支持。

开始着手进行射击运动员眼动特征研究时,我的确是一个门外汉,"纸上得来终觉浅,绝知此事要躬行",还清晰记得初始阶段不断找实验范式,不断麻烦朋友来帮我编写程序,不断推倒自我想法再重来,从梦想、憧憬毁灭,到不断实践,在实践中去总结完善，踏实前行，经历过也就丰富过。

最后要感谢我家人的陪伴和支持，感谢父母培养了我，亲人给我无限的宽容和爱护，爱人给我的帮助和理解，孩子给我的温馨陪伴，生活的每一天其实都可以过得很充实快乐，只要你不甘于现状，踏实稳定向前走。

几年来为了一个目标而努力，从中有过怠慢，有过烦躁，有过惊喜，有过苦恼，五味杂陈，还好，一切都已经化为平静，更教会了我一个道理，时时刻刻不能忘记学习，以谦卑的姿态去面对知识，主动地去迎接挑战，静下心来好好努力，不要过于功利，当今社会诱惑太多，包括自我都比较浮躁，化繁为简，目标单调且坚定，那么收获就在不经意间。共勉！

衷心感谢所有曾经关心、帮助、支持我的各位领导、老师、朋友、同学、学生和亲人们，纸短言长，所有的谢意化为一句真挚的祝福，祝福大家身心健康，万事如意！

由于自我水平有限，故书中难免有疏漏和错误之处，恳请大家给予批评指正。

廖彦罡
2016 年 8 月　丰台万年花城

附　录

附录一：实验过程注意事项

1. 填写基本情况调查表，包括姓名、年龄、性别、具体项目、运动等级、训练年限等基本内容。

2. 实验开始前，先让被试阅读指导语和实验要求，要求被试认真对待，仔细观察，强调按照实验要求完成实验，准确而快速地测试，如果错误太多，实验会终止。

3. 眼动仪校准时，强调被试可以适度地活动，但是不能大范围活动。找一个自己比较舒服的坐姿，尽量保持一个比较稳定的状态，校准如果不太好，查找原因。

4. 练习时，一方面从监控屏上观察被试是否按照要求进行注视，另一方面询问被试是否完全理解实验要求，是否存在其他问题。

5. 实验中，环境保持安静，从监控屏上观察被试的眼动状态，实验中会有一定的休息。实验进行过程中，如果被试注视点突然消失，切不可慌张，观察以后测试中是否会持续出现，在休息中进行调整。如调整，需要再次校准。

6. 实验结束后，和被试主动交流，认真倾听被试在实验过程中的感受，是否和自我的运动场景有一定的关联，能否展开进行分析讨论。

附录二:Tobii 眼动仪技术参数

TX300

型号	TX300
数据传送率	300 赫兹
准确度	0.5 度
精确度	0.22 度
采样频率变化率	<3%
处理延迟	1.0—3.3ms
整体系统延迟	<10ms
通过同步输出口	<0.1ms
每一组数据样本规定	标准差 40μs
眨眼后恢复追踪时间	立即
失去追踪后恢复时间	10—165ms
65cm 距离的头动自由度	37*17cm(15*7″)
眼动仪与测试者间的操作距离	50—80cm(20—31″)
最大头动速度	50cm/s(20″/s)
最大注视角度	35 度
追踪技术	暗瞳
眼动追处理器	嵌入式
屏幕尺寸	23 英寸 TFT 显示屏
屏幕反应时间	标准 5ms
屏幕分辨率(最大)	1920*1080 像素
TFT 显示屏反应时间	5 毫秒
内置网络摄像头	640×480@ 30 fps
内置扬声器	内置 3W

附录二:Tobii 眼动仪技术参数

续表

型号	TX300
重量	10kg
连接器	局域网(TCP/IP-数据样本)、12针连接线(LVDS同步输出端口)、3.5mm音频插头(音频输入)、USB(网络摄像头)、DVI/VGA
数据样本输出(每只眼)	时间标记、眼睛位置、注视点、瞳孔直径、有效性代码

附录三:注意追踪实验指导语及实验材料

注意追踪指导语

欢迎参加本实验!实验开始前请认真阅读本指导语!

本测验是一个视力追踪测验,要求您用眼睛从左侧数字开始追踪一条曲线,在右侧曲线数字处结束,具体如下:

实验从左侧数字开始追踪,如已经准备就绪,从数字闪烁的线条开始追踪(按空格键开始计时),跟踪结束时按空格暂停(计时暂停)。然后用鼠标点击确认(限时3秒)。

再按空格开始进行下一条线索的跟踪,左侧数字线条有闪烁,如准备就绪,按空格键开始下一次追踪任务,直到结束。

如果对之前所追踪线条的判断有误,可点击修改线条的左侧开始重新追踪该线条(变成蓝色方框),重新开始测试。再次按空格开始,按空格结束追踪。

请集中注意力在追踪曲线上,从左侧开始追踪,线条有交叉但无重合,都起于左侧止于右侧。希望大家准确而快速地完成测试任务,谢谢。

如对实验有疑问或不太理解的地方,请在实验开始前向主试提出,确保测试过程中能按照实验要求去完成。

练习部分:

从左到右追踪线条,左侧方框闪烁时可以开始,如已经准备就绪,按空格键开始追踪,完成追踪后再按空格键暂停(出现鼠标),点击鼠标确定追踪线条的位置。

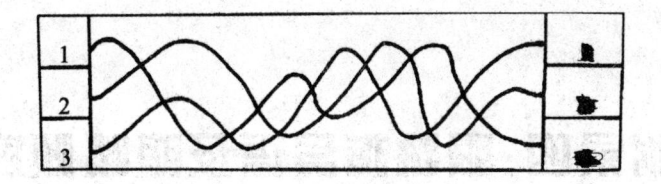

附录三：注意追踪实验指导语及实验材料

简单任务

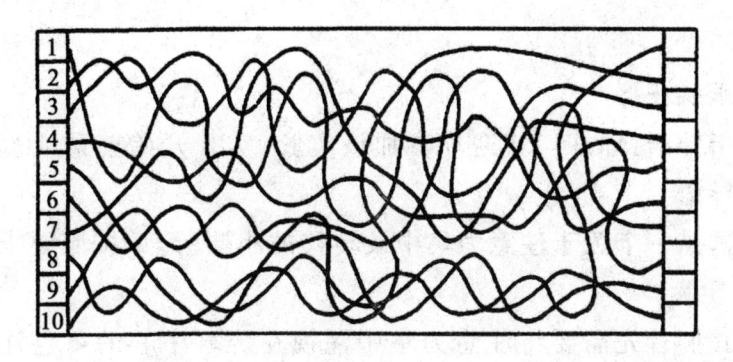

复杂任务

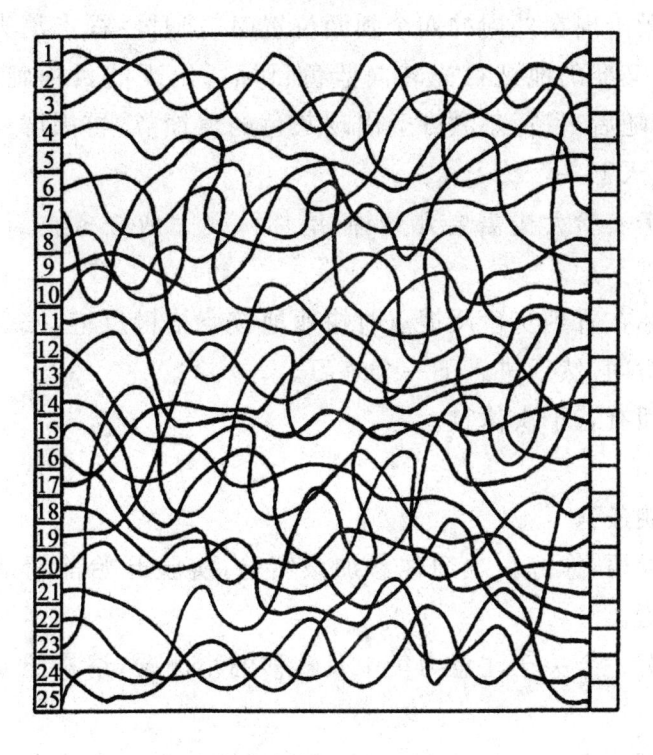

附录四:眼跳指导语及眼跳顺序

正向眼跳任务

指导语:你好! 欢迎你参加该实验,实验开始前请认真阅读本指导语。

这是一个关于注意力集中及转移的小测验,请按照要求进行实验。

我们首先需要将注意力集中注视在屏幕中心的黄色注视点(十字架),当注视点的颜色变成绿色时,表明线索有效。当蓝色目标刺激出现在外周的四个圆圈位置时(同时注视点消失),尽量又快速、又准确地把目光转向蓝色目标所出现的目标刺激(持续关注)。随后,目标刺激处会出现灰色的反馈点,再黑屏。一段时间后,进入下一个练习。

整个实验大概需要几分钟,请你认真完成任务。如有疑问,请向主试示意。

请你在看到灰色反馈点时快速地按空格键反应,按键后会黑屏一段时间,然后进入下一个练习。

中间有若干次休息。

反向眼跳任务

指导语:你好! 欢迎你参加该实验,实验开始前请认真阅读本指导语。

这是一个关于注意力集中及转移的小测验,请按照要求进行实验。

我们首先需要将注意力集中注视在屏幕中心的黄色注视点

(十字架),当注视点的颜色变成红色时,表明线索反向。当红色目标刺激出现在外周四个圆点位置时(同时注视点消失),尽量又快速、又准确地把目光转向红色目标所对应的反向(镜像)位置(持续关注)。随后,目标刺激处会出现灰色的反馈点,再黑屏。一段时间后,进入下一个练习。

整个实验大概需要几分钟,请你认真完成任务。如有疑问,请向主试示意。

正向、反向眼跳任务

指导语:你好!欢迎你参加该实验,实验开始前请认真阅读本指导语。

本实验结合正向眼跳、反向眼跳的研究范式,注视点可能会出现红色、蓝色的变化,请按照要求,完成正确的眼跳任务。

整个实验大概需要几分钟,请你认真完成任务。如有疑问,请向主试示意。

正向眼跳顺序

图片顺序	第一张图片 —1500ms	第二张图片 —500ms	第三张图片 —600ms	第四张图片 （1500—2000）ms 随机	第五张图片 —按空格键反应（3000ms 以内）	第六张图片 —2000ms
练习 1	yellowcue.bmp	greencue.bmp	left5-target.bmp	interblank.bmp(1500ms)	left5-feed.bmp	background.bmp
练习 2	yellowcue.bmp	greencue.bmp	left10-target.bmp	interblank.bmp(1700ms)	left10-feed.bmp	background.bmp
练习 3	yellowcue.bmp	greencue.bmp	right10-target.bmp	interblank.bmp(1600ms)	right10-feed.bmp	background.bmp
正式开始实验界面（按空格键开始）						
正 1	yellowcue.bmp	greencue.bmp	left10-target.bmp	interblank.bmp(1800ms)	left10-feed.bmp	background.bmp
正 2	yellowcue.bmp	greencue.bmp	right5-target.bmp	interblank.bmp(1700ms)	right5-feed.bmp	background.bmp
正 3	yellowcue.bmp	greencue.bmp	left5-target.bmp	interblank.bmp(1500ms)	left5-feed.bmp	background.bmp
正 4	yellowcue.bmp	greencue.bmp	right10-target.bmp	interblank.bmp(1600ms)	right10-feed.bmp	background.bmp
正 5	yellowcue.bmp	greencue.bmp	left5-target.bmp	interblank.bmp(1600ms)	right5-feed.bmp	background.bmp
正 6	yellowcue.bmp	greencue.bmp	right5-target.bmp	interblank.bmp(1700ms)	left5-feed.bmp	background.bmp
正 7	yellowcue.bmp	greencue.bmp	left10-target.bmp	interblank.bmp(1800ms)	left10-feed.bmp	background.bmp
正 8	yellowcue.bmp	greencue.bmp	right10-target.bmp	interblank.bmp(1500ms)	right10-feed.bmp	background.bmp
正 9	yellowcue.bmp	greencue.bmp	left5-target.bmp	interblank.bmp(1600ms)	left5-feed.bmp	background.bmp

附录四：眼跳指导语及眼跳顺序

续表

图片顺序	第一张图片 —1500ms	第二张图片 —500ms	第三张图片 —600ms	第四张图片 （1500—2000）ms 随机	第五张图片 —按空格键反应 （3000ms 以内）	第六张图片 —2000ms
正10	yellowcue.bmp	greencue.bmp	right5-target.bmp	interblank.bmp(1800ms)	right5-feed.bmp	background.bmp
正11	yellowcue.bmp	greencue.bmp	right10-target.bmp	interblank.bmp(1700ms)	right10-feed.bmp	background.bmp
正12	yellowcue.bmp	greencue.bmp	left10-target.bmp	interblank.bmp(1600ms)	left10-feed.bmp	background.bmp
正13	yellowcue.bmp	greencue.bmp	right5-target.bmp	interblank.bmp(1500ms)	right5-feed.bmp	background.bmp
正14	yellowcue.bmp	greencue.bmp	right10-target.bmp	interblank.bmp(1800ms)	right10-feed.bmp	background.bmp
正15	yellowcue.bmp	greencue.bmp	left5-target.bmp	interblank.bmp(1500ms)	left5-feed.bmp	background.bmp
正16	yellowcue.bmp	greencue.bmp	left10-target.bmp	interblank.bmp(1600ms)	left10-feed.bmp	background.bmp
正17	yellowcue.bmp	greencue.bmp	right5-target.bmp	interblank.bmp(1800ms)	right5-feed.bmp	background.bmp
正18	yellowcue.bmp	greencue.bmp	right10-target.bmp	interblank.bmp(1700ms)	right10-feed.bmp	background.bmp
正19	yellowcue.bmp	greencue.bmp	left5-target.bmp	interblank.bmp(1600ms)	left5-feed.bmp	background.bmp
正20	yellowcue.bmp	greencue.bmp	left10-target.bmp	interblank.bmp(1500ms)	left10-feed.bmp	background.bmp

反向眼跳顺序

图片顺序	第一张图片 —1500ms	第二张图片 —500ms	第三张图片 —600ms	第四张图片 （1500—2000ms 随机）	第五张图片 —按空格键反应 （3000ms 以内）	第六张图片 —2000ms
练习1	yellowcue.bmp	redcue.bmp	left5—target.bmp	interblank.bmp(1500ms)	right5—feed.bmp	background.bmp
练习2	yellowcue.bmp	redcue.bmp	right10—target.bmp	interblank.bmp(1700ms)	left10—feed.bmp	background.bmp
练习3	yellowcue.bmp	redcue.bmp	right5—target.bmp	interblank.bmp(1600ms)	left5—feed.bmp	background.bmp
正式开始实验界面（按空格键开始）						
反1	yellowcue.bmp	redcue.bmp	right10—target.bmp	interblank.bmp(1700ms)	left10—feed.bmp	background.bmp
反2	yellowcue.bmp	redcue.bmp	left5—target.bmp	interblank.bmp(1500ms)	right5—feed.bmp	background.bmp
反3	yellowcue.bmp	redcue.bmp	right5—target.bmp	interblank.bmp(1600ms)	left5—feed.bmp	background.bmp
反4	yellowcue.bmp	redcue.bmp	left10—target.bmp	interblank.bmp(1800ms)	right10—feed.bmp	background.bmp
反5	yellowcue.bmp	redcue.bmp	left5—target.bmp	interblank.bmp(1500ms)	right5—feed.bmp	background.bmp
反6	yellowcue.bmp	redcue.bmp	right5—target.bmp	interblank.bmp(1700ms)	left5—feed.bmp	background.bmp
反7	yellowcue.bmp	redcue.bmp	left10—target.bmp	interblank.bmp(1600ms)	right10—feed.bmp	background.bmp
反8	yellowcue.bmp	redcue.bmp	left5—target.bmp	interblank.bmp(1800ms)	right5—feed.bmp	background.bmp
反9	yellowcue.bmp	redcue.bmp	right10—target.bmp	interblank.bmp(1700ms)	left10—feed.bmp	background.bmp

附录四:眼跳指导语及眼跳顺序

续表

图片顺序	第一张图片 —1500ms	第二张图片 —500ms	第三张图片 —600ms	第四张图片 (1500—2000ms 随机)	第五张图片 —按空格键反应 (3000ms 以内)	第六张图片 —2000ms
反10	yellowcue.bmp	redcue.bmp	right5—target.bmp	interblank.bmp(1600ms)	left5—feed.bmp	background.bmp
反11	yellowcue.bmp	redcue.bmp	left5—target.bmp	interblank.bmp(1500ms)	right5—feed.bmp	background.bmp
反12	yellowcue.bmp	redcue.bmp	left10—target.bmp	interblank.bmp(1800ms)	right10—feed.bmp	background.bmp
反13	yellowcue.bmp	redcue.bmp	right10—target.bmp	interblank.bmp(1700ms)	left10—feed.bmp	background.bmp
反14	yellowcue.bmp	redcue.bmp	left5—target.bmp	interblank.bmp(1500ms)	right5—feed.bmp	background.bmp
反15	yellowcue.bmp	redcue.bmp	right5—target.bmp	interblank.bmp(1600ms)	left5—feed.bmp	background.bmp
反16	yellowcue.bmp	redcue.bmp	right10—target.bmp	interblank.bmp(1700ms)	left10—feed.bmp	background.bmp
反17	yellowcue.bmp	redcue.bmp	left10—target.bmp	interblank.bmp(1800ms)	right10—feed.bmp	background.bmp
反18	yellowcue.bmp	redcue.bmp	right5—target.bmp	interblank.bmp(1600ms)	left5—feed.bmp	background.bmp
反19	yellowcue.bmp	redcue.bmp	left5—target.bmp	interblank.bmp(1500ms)	right5—feed.bmp	background.bmp
反20	yellowcue.bmp	redcue.bmp	left10—target.bmp	interblank.bmp(1800ms)	right10—feed.bmp	background.bmp

正、反向眼跳顺序

图片顺序	第一张图片—1500ms	第二张图片—500ms	第三张图片—600ms	第四张图片（1500—2000ms 随机）	第五张图片—按空格键反应（3000ms 以内）	第六张图片—2000ms
练习1	yellowcue.bmp	greencue.bmp	left5—target.bmp	interblank.bmp(1500ms)	left5—feed.bmp	background.bmp
练习2	yellowcue.bmp	redcue.bmp	right10—target.bmp	interblank.bmp(1700ms)	left10—feed.bmp	background.bmp
练习3	yellowcue.bmp	redcue.bmp	right5—target.bmp	interblank.bmp(1600ms)	left5—feed.bmp	background.bmp
练习4	yellowcue.bmp	greencue.bmp	left10—target.bmp	interblank.bmp(1700ms)	right10—feed.bmp	background.bmp
练习5	yellowcue.bmp	greencue.bmp	left10—target.bmp	interblank.bmp(1500ms)	right10—feed.bmp	background.bmp
正式开始实验界面（按空格键开始）						
正1	yellowcue.bmp	greencue.bmp	left10—target.bmp	interblank.bmp(1800ms)	left10—feed.bmp	background.bmp
正2	yellowcue.bmp	greencue.bmp	right5—target.bmp	interblank.bmp(1700ms)	right5—feed.bmp	background.bmp
反1	yellowcue.bmp	redcue.bmp	right10—target.bmp	interblank.bmp(1700ms)	left10—feed.bmp	background.bmp
正2	yellowcue.bmp	greencue.bmp	left5—target.bmp	interblank.bmp(1500ms)	left5—feed.bmp	background.bmp
反2	yellowcue.bmp	redcue.bmp	left5—target.bmp	interblank.bmp(1500ms)	right5—feed.bmp	background.bmp
反3	yellowcue.bmp	redcue.bmp	right5—target.bmp	interblank.bmp(1600ms)	left5—feed.bmp	background.bmp
正4	yellowcue.bmp	greencue.bmp	right10—target.bmp	interblank.bmp(1600ms)	right10—feed.bmp	background.bmp

附录四:眼跳指导语及眼跳顺序

续表

图片顺序	第一张图片 —1500ms	第二张图片 —500ms	第三张图片 —600ms	第四张图片 (1500—2000ms 随机)	第五张图片 —按空格键反应 (3000ms 以内)	第六张图片 —2000ms
反 4	yellowcue.bmp	redcue.bmp	left10-target.bmp	interblank.bmp(1800ms)	right10-feed.bmp	background.bmp
反 5	yellowcue.bmp	redcue.bmp	left5-target.bmp	interblank.bmp(1500ms)	right5-feed.bmp	background.bmp
正 5	yellowcue.bmp	greencue.bmp	right5-target.bmp	interblank.bmp(1600ms)	right5-feed.bmp	background.bmp
反 6	yellowcue.bmp	redcue.bmp	right10-target.bmp	interblank.bmp(1700ms)	left10-feed.bmp	background.bmp
正 6	yellowcue.bmp	greencue.bmp	left5-target.bmp	interblank.bmp(1700ms)	left5-feed.bmp	background.bmp
反 7	yellowcue.bmp	redcue.bmp	right5-target.bmp	interblank.bmp(1600ms)	left5-feed.bmp	background.bmp
正 7	yellowcue.bmp	greencue.bmp	right10-target.bmp	interblank.bmp(1500ms)	right10-feed.bmp	background.bmp
反 8	yellowcue.bmp	redcue.bmp	left10-target.bmp	interblank.bmp(1800ms)	right10-feed.bmp	background.bmp
反 8	yellowcue.bmp	redcue.bmp	left5-target.bmp	interblank.bmp(1700ms)	left5-feed.bmp	background.bmp
正 10	yellowcue.bmp	greencue.bmp	right5-target.bmp	interblank.bmp(1600ms)	left10-feed.bmp	background.bmp
反 9	yellowcue.bmp	redcue.bmp	left10-target.bmp	interblank.bmp(1800ms)	left5-feed.bmp	background.bmp
正 10	yellowcue.bmp	greencue.bmp	right5-target.bmp	interblank.bmp(1800ms)	right5-feed.bmp	background.bmp

续表

图片顺序	第一张图片 —1500ms	第二张图片 —500ms	第三张图片 —600ms	第四张图片 （1500—2000ms 随机）	第五张图片 —按空格键反应 （3000ms 以内）	第六张图片 —2000ms
反11	yellowcue.bmp	redcue.bmp	left5—target.bmp	interblank.bmp(1500ms)	right5—feed.bmp	background.bmp
正11	yellowcue.bmp	greencue.bmp	right10—target.bmp	interblank.bmp(1700ms)	right10—feed.bmp	background.bmp
反12	yellowcue.bmp	redcue.bmp	left10—target.bmp	interblank.bmp(1800ms)	right10—feed.bmp	background.bmp
正13	yellowcue.bmp	greencue.bmp	left10—target.bmp	interblank.bmp(1500ms)	right5—feed.bmp	background.bmp
正12	yellowcue.bmp	redcue.bmp	right10—target.bmp	interblank.bmp(1600ms)	left10—feed.bmp	background.bmp
反14	yellowcue.bmp	greencue.bmp	right5—target.bmp	interblank.bmp(1700ms)	left10—feed.bmp	background.bmp
正13	yellowcue.bmp	redcue.bmp	right5—target.bmp	interblank.bmp(1800ms)	left5—feed.bmp	background.bmp
反15	yellowcue.bmp	greencue.bmp	right10—target.bmp	interblank.bmp(1600ms)	left5—feed.bmp	background.bmp
正14	yellowcue.bmp	redcue.bmp	left10—target.bmp	interblank.bmp(1800ms)	left5—feed.bmp	background.bmp
正15	yellowcue.bmp	greencue.bmp	right10—target.bmp	interblank.bmp(1500ms)	left10—feed.bmp	background.bmp
反16	yellowcue.bmp	redcue.bmp	left10—target.bmp	interblank.bmp(1700ms)	left10—feed.bmp	background.bmp
正16	yellowcue.bmp	greencue.bmp	left10—target.bmp	interblank.bmp(1600ms)	right10—feed.bmp	background.bmp
反17	yellowcue.bmp	redcue.bmp	left10—target.bmp	interblank.bmp(1800ms)	right10—feed.bmp	background.bmp

休息一次（空格键继续）

附录四:眼跳指导语及眼跳顺序

续表

图片顺序	第一张图片 —1500ms	第二张图片 —500ms	第三张图片 —600ms	第四张图片 (1500—2000ms 随机)	第五张图片 —按空格键反应 (3000ms 以内)	第六张图片 —2000ms
反 18	yellowcue.bmp	redcue.bmp	right5-target.bmp	interblank.bmp(1600ms)	left5-feed.bmp	background.bmp
正 17	yellowcue.bmp	greencue.bmp	left5-target.bmp	interblank.bmp(1600ms)	left5-feed.bmp	background.bmp
正 18	yellowcue.bmp	greencue.bmp	right5-target.bmp	interblank.bmp(1800ms)	right5-feed.bmp	background.bmp
反 19	yellowcue.bmp	redcue.bmp	right10-target.bmp	interblank.bmp(1800ms)	right10-feed.bmp	background.bmp
正 19	yellowcue.bmp	greencue.bmp	left5-target.bmp	interblank.bmp(1700ms)	right5-feed.bmp	background.bmp
反 20	yellowcue.bmp	redcue.bmp	left5-target.bmp	interblank.bmp(1500ms)	right5-feed.bmp	background.bmp
正 20	yellowcue.bmp	greencue.bmp	left10-target.bmp	interblank.bmp(1500ms)	left10-feed.bmp	background.bmp

实验结束,谢谢参与!

参考文献

[1]张忠秋,阎国利,吉承恕.自行车运动员专项认知水平眼动特征的实验研究[J].中国体育科技,2001,37(8).

[2]席洁,王巧玲,阎国利.眼动分析和运动心理学研究[J].心理与行为研究,2004,2(3).

[3]沈德立.学生汉语阅读过程的眼动研究[M].北京:教育科学出版社,2001.

[4]邓铸.眼动心理学的理论、技术与运用研究[J].南京师大学报(社会科学版),2005,(1).

[5]阎国利.眼动分析法在心理学研究中的应用[M].天津:天津教育出版社,2004.

[6]朱滢.实验心理学[M].北京:北京大学出版社,2000.

[7]李琪.儿童在图形推理任务中的眼动研究[D].北京师范大学硕士学位论文,2005.

[8]韩玉昌.眼动仪和眼动实验法的发展历程[J].心理科学,2004,23(4).

[9]李京诚,徐守森,张森.体育运动心理领域的眼动研究综述[J].首都体育学院学报,2006,18(3).

[10]张学民.实验心理学纲要[M].北京:北京师范大学出版社,2004.

[11]陈庆荣,邓铸.中文阅读及发展性阅读障碍眼动研究新进展[J].应用心理学,2005,11(3).

[12]隋雪,李立洁.眼球运动研究概况[J].辽宁师范大学学报(社会科学版),2003,26(1).

[13]王坚.目标概率对视觉搜索中扫视模式的影响[J].应用心理学,1992,7(4).

[14]王坚.视觉搜索中等概率目标察觉的扫视模式[J].应用心理学,1992,5(2).

[15]丁锦红,林仲贤.不同方向视觉运动追踪的特征[J].心理学报,2001,33(4).

[16]吴兵,孙复川.旋转汉字识别的眼动特征[J].心理科学,1999,31(1).

[17]方芸秋.多重编码中的眼动模式[J].心理科学,1991,(4).

[18]第二届中国国际眼动研究大会纪要[J].心理与行为研究,2006,4(2).

[19]韩玉昌.眼动仪和眼动实验法的发展历程[J].心理科学,2000,23(4).

[20]阎国利.眼动记录方法综述[J].心理科学,1995,18(3).

[21]高晓卿,王永跃,葛列众.眼动技术与脑电技术的结合———一种认知研究新方法[J].人类工效学,2005,11(1).

[22]漆昌柱.运动员高级认知过程研究的方法范式探析[J].武汉体育学院学报,2004,38(6).

[23]高亚娟,毛志雄,周忠革.运动认知测量方法综述[J].体育科学,2005,25(7).

[24]张忠秋等译.运动技能学习与控制[M].北京中国轻工业出版社,2006.

[25]阎国利,白学军.眼动记录法在国外运动心理学研究中的应用[J].心理学动态,1997,5(2).

[26]张运亮等.篮球后卫运动员专项认知眼动特征研究[J].天津体育学院学报,2005,20(5).

[27]李今亮.运动认知技能研究的现状与思考[J].武汉体育学院学报,2005,39,(11).

[28]李今亮.乒乓球运动员接发球判断的思维活动特征[D].北京体育大学博士论文,2005年.

[29]付全.信息量与认知风格对击剑运动员决策速度、准确性和稳定性的影响[D].北京体育大学博士论文,2004.

[30]漆昌柱,徐培.运动专长研究的理论、方法与问题[J].武汉体育学院学报,2001,35(2).

[31]杨珍.篇章阅读中信息整合过程的眼动研究[D].湖南师范大学硕士学位论文,2005.

[32]韩玉昌等.图画与中、英文词识别加工的眼动研究[J].心理科学,2005,26(3).

[33]陶云.图画知觉过程的眼动研究进展[J].心理科学,2001,24(2).

[34]廖彦罡.排球运动员专项认知眼动特征研究[M].北京.北京体育大学出版社.2007.

[35]廖彦罡,张学民,葛春林.运动员在多目标视觉追踪任务中表现的研究[J].西安体育学院学报,2006,23(2).

[36]廖彦罡,葛春林.运动员注意力的研究——多层面模式分析[J].西安体育学院学报,2003,20(6).

[37]陈燕丽,李勇,杨琳;话题兴趣与文本阅读眼动特征的研究[J].心理学探新,2004,24(4).

[38]丁锦红,张钦,郭春彦.眼睛运动如何与记忆相关[J].心理科学进展,2006,14(1).

[39]张学民.小学教师课堂信息加工能力的研究[D].北京师范大学博士学位论文,2002.

[40]张力为,毛志雄.运动心理学[M].上海:华东师范大学出版社,2003.

[41]刘长江,尤扬.认知信息加工理论及其辅导实践[J].沈阳师范大学学报(社会科学版),2005,29(5).

[42]王穗苹,黄时华,杨锦绵.语言理解眼动研究的争论与趋势[J].华东师范大学学报(教育科学版),2006,24(2).

[43]崔磊,王穗苹,赵娟,杨晓映.不同结构文章重复阅读时主题转换效应的眼动研究[J].心理发展与教育,2006,(4).

[44]王树明,章建成.知觉运动技能训练的国外研究进展[J].上海体育学院学报,2005,29(3).

[45]张力为,任未多编著.体育运动心理学研究进展[M].北京:高等教育出版社.2000.

[46]马启伟,张力为编著.体育运动心理学[M].杭州:浙江教育出版社,1998.

[47]付全.运动决策研究综述[J].北京体育大学学报,2004,27(6).

[48]隋雪.学习困难生阅读过程的眼动特征[D].辽宁师范大学博士学位论文,2004.

[49]王葵,翁旭初.句子学习过程中的眼动特征[J].人类工效学,2000,12(1).

[50]韩玉昌,任桂琴.小学一年级数学新教材插图效果的眼动研究[J].心理学报,2003,35(6).

[51]张仙峰,叶文玲.当前阅读研究中眼动指标述评[J].心理与行为研究,2006,4(3).

[52]程勇民.知识表征、运动水平及其年龄对羽毛球竞赛情景中直觉性运动决策的影响[D].北京体育大学博士论文,2005.

[53]王斌.手球运动情境中直觉决策的试验研究与运动直觉理论的初步构建[D].北京体育大学博士论文,2002.

[54]周红律,陈作松.试析排球比赛中运动员的心理较量[J].成都体育学院学报,2002,28(4).

[55]隋雪.学习困难生阅读过程的眼动特征[D].大连:辽宁师范大学博士学位论文,2004.

[56]王甦,汪安圣.认知心理学[M].北京:北京大学出版社,2000.

[57]李京诚.运动心理学领域眼动研究文集[M].北京:北京体育大学出版社,2015.

[58]苏晓华.不同刺激条件下的眼跳模式研究[D].浙江理工大学硕士论文,2009.

[59]卢凌凌.反向眼跳的重测信度及反向眼跳与成人注意缺陷多动障碍倾向的关系[D].杭州师范大学硕士论文,2016.

[60]廖彦罡等.射击运动员的反向眼跳研究[J].天津体育学院学报,2015,30(4).

[61]闫国利,白学军.眼动研究心理学导论[M].北京:科学出版社,2012.

[62]陶云等.中小学生阅读图文课文的眼动实验研究[J].心理科学,2003,26(2).

[63]金颖.复杂任务中反馈对注意缺损多动障碍儿童注意稳定性的影响[J].中国特殊教育,2010,123(9).

[64]胡凤培等.精神分裂症的眼动研究概况[J].人类工效学,2010,16(3).

[65]魏薇等.阿斯伯格综合征男童的眼动抑制缺陷对照研究[J].中国儿童保健杂志,2010,18(11).

[66]武文强等,优秀女子气步枪运动员瞄准技术分析[J].成都体育学院学报,2010,32(5).

[67]郑立勋.我国奥运会射击项目运动成绩发展过程、影响因素及相关规律的研究[D].北京体育大学博士论文,2006.

[68]朱彩云.我国射击项目发展的影响因素研究[D].北京体育大学硕士论文,北京,2013.

[69]甄玥.优秀射击运动员瞄准技术稳定性的研究与评价[D].北京体育大学硕士论文,2011.

[70]杜丛.任务无关信息对眼跳行为的影响[D].首都师范大学硕士论文,2013.

[71]徐璐.乒乓球运动员决策过程认知加工特征的研究[D].上海体育学院硕士论文,2013.

[72]梁祎明.跳水运动表象与时空知觉的信息加工特征研究[D].上海体育学院博士论文,2014.

[73]时冰龙.排球运动员观看发球和接发球运动情景的眼动特征研究,河南师范大学硕士学位论文,2015.

[74]邵志芳,王小佳.关于轮廓与视觉搜索顺序的实验研究[J].心理科学,2006,29(4).

[75]徐四华,丁玉珑,高定国.关于阅读的眼动研究[J].心理科学,2005,28(2).

[76]程利,杨治良.大学生阅读插图文章的眼动研究[J].心理科学,2003,29(3).

[77]韩玉昌,任桂琴.小学一年级数学新教材插图效果的眼动研究[J].心理学报,2003,35(6).

[78]周象贤,金志成.国外对平面广告受众注意心理的眼动研究[J].心理科学进展,2006,14(2).

[79]赵新灿,左洪福,任勇军.眼动仪与视线跟踪技术综述[J].计算机工程与应用,2006,12.

[80]严艳梅,丁锦红.平面广告有效性检验方法中的眼动评价[J].中国临床康复,2006,10(26).

[81]韩玉昌.观察不同形状和颜色时眼运动的的顺序性[J].心理科学,1997,1.

[82]吴燕,隋光远.内外源提示下学障儿童注意定向的眼动研究[J].心理发展与教育,2006,(1).

[83]胡凤培,郭建伟,苏晓华.精神分裂症的眼动研究概况[J].人类工效学,2010,16(3).

[84]李娟.眼跳过程中的 GAP 效应[D].天津师范大学,2010.

[85]田静,王敬欣,张赛.眼跳任务中的偏心距效应[J].心理与行为研究,2011,9(4).

[86]卜晓艳,田学红,刘敏芳.注意缺陷型和混合型注意缺陷多动障碍儿童的眼跳特征[J].中国心理卫生杂志,2010,24(9).

[87]王玉娥.不同熟练水平中—英双语者的反应抑制能力的眼动研究[D].南京师范大学,2010.

[88]周临,邓铸,陈庆荣.反向眼跳的实验范式、机制及影响因素[J].心理科学,2012,35(1).

[89]王荣.认知老化过程中优势反应抑制的眼动[D].天津师范大学,2009.

[90]田静.朝向和反向眼跳任务中的方位效应[D].天津师范大学,2009.

[91]杨永胜,丁锦红.系列眼跳的产生及其心理学意义[J].心理学研究进展,2008,16(2).

[92]何立媛.诱因对抑制控制加工的影响:眼动研究[D].天津师范大学,2012.

[93]陈庆荣,谭顶良,邓铸,等.眼跳的研究范式及其主要认知功能[J].心理学研究进展,2009,17(6).

[94]陈玉英等.自主控制眼跳:实验范式、神经机制和应用[J].心理科学进展,2008,16(1).

[95]卜晓艳.ADHD及其亚型的抑制和工作记忆的眼跳研究[D].浙江师范大学硕士论文,2007.

[96]高闯.眼动实验原理—眼动的神经机制、研究方法与技术[M].武汉:华中师范大学出版社,2012.

[97]熊建萍,李悦.任务指导语及实验范式对朝向和反向眼跳的影响[J].心理与行为研究,2013,11(1).

[98]戴斌荣,阴国恩.材料呈现方式对大学生分类活动影响的眼动研究[J].心理与行为研究 2005,3(3).

[99]隋雪.学习困难儿童观看图片的眼动研究[J].中国特殊教育,2006,74(8).

[100]阎国利.眼动分析法在广告心理学研究中的应用[J].心理学动态,1999,7(4).

[101]蔡赓,猪俣公宏,季浏.女子跳马运动评分过程中裁判员的眼动研究[J].山东体育学院学报,2001,17(4).

[102]王树明,章建成,张静.运动中视觉搜寻行为的研究现状及其发展趋势[J].心理科学,2005,28(3).

[103]朱骐,章建成,金亚虹,李年红.体育运动中选择性注意的国外研究现状[J].上海体育学院学报,2000,24(2).

[104]漆昌柱.口语报告法在运动思维研究中的应用:口语记录测量模型[J].体育科学,2003,(6).

[105]阮浩轩.不同水平篮球裁判员在执裁过程中的眼动研究[D].天津体育学院硕士论文,天津,2013.

[106]王润平.运动心理学研究现状及发展评述[J].广州大学学报(社会科学版),2005,4(3).

[107]王斌.运动直觉研究述评[J].成都体育学院学报,2002,28(6).

[116]漆昌柱.运动员高级认知过程研究的方法范式探析[J].武汉体育学院学报,2004,38(6).

[108]李永瑞.不同注意类型高水平运动员注意瞬脱及注意能力特征的研究[D].北京体育大学博士论文,2001.

[109]迟立忠.运动人群与非运动人群注意特征比较及注意机制研究[D].北京体育大学博士论文,2004.

[110]姚家新.竞赛心理咨询与心理训练[M].北京:人民体育出版社,1995.

[112]刘淑慧等.实用心理学问答[M].北京:人民体育大学出版社,1993.

[113]段宇昉.乒乓球运动员预期判断攻球线路的眼动特征与反应时研究[D].首都体育学院硕士论文,2008.

[114]张森,李京诚.中学生棒球练习者眼动特征的实验研究[J].首都体育学院学报,2008,20(5).

[115]赵用强,汤长发.中小学网球运动员眼动特征的实验研究[J].湖南工业大学学报,2009,23(6).

[116]张帆.羽毛球运动员判断杀球线路的眼动特征与选择反应研究[D].首都体育学院硕士论文,2009.

[117]闫苍松,刘万伦.开放式技能与封闭式技能运动员的视觉注意特点[J].北京体育大学学报,2009,32(5).

[118]刘翠娟.散打运动员视觉搜索中眼动的实验研究[J].西安体育学院学报,2010,27(4).

[119]王明辉,李建民,闫苍松.篮球运动员运动决策准确性和速度差异性的眼动研究[J].北京体育大学学报,2007,30(6).

[120]张晓刚.足球守门员在防守点球运动情境中眼动特征的研究[J].中国体育科技,2010,46(1).

[121]张学民,廖彦罡,葛春林.排球运动员在运动情境任务中眼动特征的研究[J].体育科学,2008,28(6).

[122]廖彦罡,张学民,葛春林.排球运动员观察运动情景图片的眼动分析[J].天津体育学院学报,2009,24(2).

[123]刘清梅,我国运动员眼动分析研究的文献计量分析(2000—2014年)[J].运动,2015,113(9).

[132]王新星,体育赛事直播观赛体验的眼动研究[J].四川体育科学,2015,157(3).

[133]徐平.围棋活动对儿童注意力的影响[J].心理科学,2009,32(2).

[134]孔久春.不同锻炼方式对儿童注意力稳定性影响的实验研究[D].北京体育大学教师(毕业)学位论文,北京,2008.

[135]潘玲娜.不同气质类型大学生注意稳定性的实验研究[J].漳州师范学院学报(自然科学版),2013,80(2).

[136]张良志.不同运动负荷对篮球运动员注意能力影响的实验研究[D].东北师范大学硕士学位论文,2013.

[137]周华发.大学生注意稳定性与学习自控、情绪稳定性的关系研究[D].漳州师范学院硕士论文,2010.

[138]张定必.大学生自控能力、注意稳定性和工作记忆的关系[D].闽南师范大学硕士论文,2013.

[139]孔久春.体育锻炼方式对儿童注意力稳定性的影响[J].中国学校卫生,2012,33(4).

[140]边玉芳.注意能够持续多久？儿童注意稳定性的实验[J].中小学心理健康教育,2014,241(2).

[141]张慧民.小学学习困难生选择性注意特点的眼动研究[D].苏州大学硕士论文,2012.

[142]王荣.认知老化过程中优势反应抑制的眼动[D].天津师范大学硕士论文,2009.

[143]张浩,眼跳动的视觉机制研究[D].电子科技大学硕士论文,2012.

[144]陈强等,注意缺陷多动障碍儿童的眼动抑制缺陷对照研究[J].中国心理卫生杂志,2010,24(1).

[145]王敬欣,反向眼跳的脑机制及其心理学意义[J].中国特殊教育,2010,122(8).

[146]高尚秀,视觉运动知觉影响眼跳的认知神经机制[D].首都师范大学硕士论文,2011.

[147]田静,朝向和反向眼跳任务中的方位效应[D].天津师范大学硕士论文,2009.

[148]李京诚,运动心理学领域眼动研究文集[M].北京,北京体育大学出版社,2015.

[149]U. P. Mosimann, J. Felblinger, S. J. Colloby, R. M. Müri. Verbal instructions and top-down saccade control[J]. Experimental Brain Research,2004(2).

[150]Nougier et al. The development of expertise in the orienting of attention [J]. International Journal of Sport Psychology, 1999,30.

[152]Umilta. Attention in sports;further lines of research[J]. International Journal of Sport Psychology,1991,22.

[153]Castiello & Umilta. Orienting of attention in volleyball players[J]. International Journal of Sport Psychology,1992,23.

[154]Nougier. Orienting of attention with highly skilled athletes[J]. International Journal of Sport Psychology,1989,20.

[155]Ripoll,et al. What does keeping one's eye on the ball mean? [J]. Ergonomics,1988,31,1647−1654.

[156]Nougier,et al. Information processing in sport and orienting of attention [J]. International Journal of Sport Psychology,

1991,22.

[157]Tenenbaum, et al. Detection of targets and attentional flexibility, can computerized simulation account for developmental and skill-level differences? [J] International Journal of Sport Psychology,1999,30.

[158]Jeanette Lum, et al. Visual orienting in college athletes [J]. Explorations College Athletes Type And Gender. Research Quarterly for Exercise and Sport,2002,73(2).

[159]Bao Y. , Zhou J. , Fu L. Aging and the time course of inhibition of return in a static environment[J]. Acta Neurobiologiae Experimentalis,2004,64.

[160] Morenfj, Orenofj, Reinnar, Luisvsr. Visual search strategies in experienced and inexperienced gymnastic coaches[J]. Perceptual and Motor Skills,2002,95(3).

[161]Michael F. L. , Mcleod P, From eye movements to actions; how batsmen hit the ball[J]. Nature Neuroscience,2000,3(12).

[162]Rodrigues S. T. , Vickers J. N. , Williams A M. Head, eye and arm coordination in table tennis[J]. Journal of Sports Sciences,2002,20.

[163]William A. M. , Singer R. N. , Frehlich S G. Quiet eye duration, expertise and task complexity in near and far aiming task[J]. Journal of Motor Behavior,2002,34(2).

[164]William A. M. , Davids K. , Bvurwitz L. , et al. Visual search and sports performance[J]. Australian Journal of Science and Medicine in Sport,1993,22.

[165]Oudejans R. D. , van de Langenberg R. W. , Hutter R. I. Aiming at a far target under different viewing conditions; Visual control in basketball jump shooting[J]. Human Movement Science, 2002,21.

[166] Ian M. Franks, et al. A note on the response complexity effect in eye movements[J]. Research Quarterly for Exercise and Sport, 1998, 169(1).

[167] Bard C., Fleury M., Carriere L., etal. Analysis of gymnastics judges' visual search[J]. Research Quarterly for Exercise and Sport, 1980, 51.

[168] Bertera J. H., Rayner K. Eye movements and the span of the effective stimulus in visual search[J]. Perception & Psychophysics, 2000, 62(3).

[169] Tephen G. Martell, Joan N. Vickers. Gaze characteristics of elite and near-elite athletes in ice hockey defensive tactics[J]. Human Movement Science, 2004, 22.

[170] Alisdair J. G. Taylor, Sam B. Hutton. The effects of task instructions on pro and antisaccade performance[J]. Experimental Brain Research, 2009, 195(2).

[171] N. Smyrnis etc. The antisaccade task in a sample of 2,006 young males[J]. Experimental Brain Research, 2002, 147(1).

[172] Joan N. Vickers, William Lewinski. Performing under pressure: Gaze control, decision making and shooting performance of elite and rookie police officers[J]. Human Movement Science, 2012(31).